Valor

Momentos diarios con Dios

Oraciones para mujeres

CASA PROMESA
Una división de Barbour Publishing, Inc.

Momentos diarios con Dios
© 2017 por Casa Promesa.

ISBN 978-1-68322-232-3

Título en inglés: *Everyday Moments with God*
© 2012 por Barbour Publishing, Inc.

Desarrollo editorial: Semantics, Inc. P.O. Box 290186, Nashville, TN 37229. semantics01@comcast.net

Publicado por Casa Promesa, P. O. Box 719, Uhrichsville, Ohio 44683, www.barbourbooks.com

Nuestra misión es publicar y distribuir productos inspiradores que ofrecen valor excepcional y estímulo bíblico a las masas.

Impreso en Estados Unidos de América

CONTENIDO

INTRODUCCIÓN

La oración es nuestra línea salvavidas hacia Dios. A medida que mi relación con Cristo se ha ido haciendo más profunda en mi vida, me he dado cuenta de que la oración es un recurso maravilloso.

Yo tuve la bendición de tener unos padres que creían en orar por todas las cosas y darle gracias en voz alta a Dios cuando les respondía. Gracias a su ejemplo, me ha parecido natural llevarle yo también a Él todos los momentos de mi vida: los gozos, las tristezas, el pánico, la angustia, el triunfo y la alabanza.

En este libro hallarás oraciones para todos los días; la clase de oraciones que hacemos las mujeres en nuestro encuentro con la vida diaria. Espero que te sientas inspirada y desafiada a confiar en nuestro Padre celestial en todas tus situaciones. Eso hará tu día diferente.

Gozo y celebración

ALABANZAS

*"Démosle gracias todos a nuestro Dios
con corazones, manos y voces;
Él ha hecho maravillas, y en Él
se regocija este mundo."*

MARTIN RINKART

EL QUE ES

Padre Celestial, hoy te agradezco todo lo que eres: el Dios que es, el Dios de los vivos, el gran Yo Soy. Eres inmutable. Eres el epítome de la santidad y el amor perfectos. Por ser tú quien eres, yo creo y confío en ti. Tu verdad es indiscutible y tu poder es firme. No solo por las obras majestuosas de tus manos, sino también por la pura gloria de tu naturaleza, te adoro hoy. Amén.

¿Quién como el Señor nuestro Dios,
que tiene su trono en las alturas?
SALMO 113:5

GRACIA PARA TODO

Padre, me maravilla tu gracia, tu favor inmerecido a mí por medio de Jesucristo, y esa fortaleza especial que les das a tus hijos en tiempos de necesidad, prueba y tentación. Si no fuera por tu gracia, no podría ni siquiera acercarme a ti. Gracias por tu favor hacia mí: perdonar mis pecados y adoptarme en tu familia. Y muchas gracias por esa dosis extra de perseverancia que tú me sigues dando en los momentos difíciles. En tu centro de recursos nunca habrá escasez. Te alabo hoy por tu gracia. Amén.

Pero él nos da mayor ayuda con su gracia.
Santiago 4:6

ASOMBROSO PERDÓN

Señor, vengo a tu presencia, dándote
gracias por tu perdón. En una cultura
donde muchos sufren de depresión clínica
por sus culpas, yo sé que mi pasado
ha sido redimido por el sacrificio de
Cristo por mí. Tu perdón es realmente
asombroso. Aunque no lo merezco, tú
lo derramas en abundancia y con amor.
Porque me has querido perdonar, yo
bendigo tu nombre hoy.

*En él tenemos la redención mediante su
sangre, el perdón de nuestros pecados,
conforme a las riquezas de la gracia.*
EFESIOS 1:7

LAS PROVISIONES DE DIOS

Dios mío, no hay criatura en la tierra que no veas o no cuides. En este momento te alabo por las cosas diarias de las que tú me suples. Por tu bondad, tengo comida, tengo ropa y tengo agua.

Ayúdame a ser agradecida siempre por lo que tengo y no imitar a los israelitas en el desierto que se fijaban en lo que no tenían y preferían quejarse. Tu poder es maravilloso; gracias por tu generosidad en atender a mis necesidades y deseos de todos los días.

Abres la mano y sacias con tus favores a todo ser viviente.

SALMO 145:16

NADIE COMO TÚ

Dios mío, cuando pienso en mis deficiencias, me asombra tu perfección. Tú eres verdad y justicia, santidad e integridad. No hay nadie como tú. Tú eres el Único Dios Verdadero. Las otras deidades desilusionan a sus seguidores; los ídolos fallan. Pero tú nunca fallas. Porque eres la santidad perfecta, todos tus demás atributos son siempre buenos. No hay egoísmo, venganza ni engaño en ti, Señor. Por eso puedo confiar por completo en ti y deleitarme sin miedos en tu luz. Amén.

«Nadie es santo
como el Señor;
no hay roca como
nuestro Dios.
¡No hay nadie como él!»
1 SAMUEL 2:2

LA PALABRA INSPIRADORA

Señor, tu Palabra me maravilla, me
convence, me consuela y me fortalece.
Estoy muy agradecida de que nos hayas
dado la Biblia. Gracias por inspirar a
los profetas antiguos mientras escribían
tu verdad. Gracias por proteger las
Escrituras durante siglos de escepticismo
y persecución. Gracias por darme la
bendición de este tesoro; por permitirme
tenerla en la mano. Cuando tengo hambre,
tu Palabra me alimenta; cuanto tengo
miedo me serena; cuando me siento
insegura, me guía. Tu Libro es luz a mi
camino. Sin él, estaría perdida. Amén.

---

*Toda la Escritura es inspirada por Dios
y útil para enseñar, para reprender, para
corregir y para instruir en la justicia.*
2 TIMOTEO 3:16

DIVERSOS DONES

Amado Dios, hoy la confraternidad de otros creyentes me ministró. Hay momentos en que me siento frustrada con la Iglesia; tiene sus problemas. Pero también los tiene un cuerpo humano. Y sin embargo, cuando cada órgano del cuerpo cumple con su función, hay vida, energía y pasión. Ayúdame a recordar Señor, que tú hiciste a mis hermanos y hermanas con dones diversos; ayúdame a trabajar con ellos y no en su contra. Gracias por recordarme de nuevo que esta familia de Dios es uno de tus tesoros, una bendición de tu mano… y de tu corazón. Amén.

Hay diversos dones, pero un mismo Espíritu.

1 CORINTIOS 12:4

A TODA GENERACIÓN

Jehová Dios, vengo ahora a deleitarme en tu fidelidad. Desde las generaciones pasadas hasta este minuto, son multitudes los que han testificado que tú nunca nos abandonas. Sin embargo, en mi vida he tenido momentos en que pensaba que no me hacías caso, que no conocías mis necesidades, que no oías mis oraciones. Pero mis dudas eran falsas y tu récord es impecable. Tú no me prometiste que siempre entendería tus caminos, pero sí me prometiste tu presencia y tu amor en toda circunstancia. Y puedo dar testimonio de que es cierto. Te amo, Señor. Amén.

Tu fidelidad permanece para siempre.
SALMO 119:90

EL DON DE LA SALVACIÓN

Padre amado, gracias por el don de la salvación; por enviar a tu único Hijo a ser un sacrificio por todos los seres humanos, incluso los que no lo quieren. Me maravilla tu misericordia conmigo. Es increíble pensar que soy hija de Dios. Gracias, Jesús: Tú no te alejaste de la cruz, sino que entregaste tu vida por mí. Gracias, Espíritu Santo, por atraerme hacia estos dones, los mayores de todos. Mi vida cambió para siempre. En el nombre de Cristo, amén.

Dios ha manifestado a toda la humanidad su gracia, la cual trae salvación.

TITO 2:11

EL PASADO YA PASÓ

Padre, estoy feliz porque redimiste mi pasado. He dicho y hecho cosas de las que no estoy orgullosa. Gracias porque borraste mis pecados y me diste un nuevo comienzo. Como en una pizarra, borraste la vergüenza y la culpa y me devolviste el marcador. No tengo que vivir en mi pasado; me puedo enfrentar al futuro con seguridad y gracia. En el nombre de Cristo, amén.

Tan lejos de nosotros echó nuestras transgresiones como lejos del oriente está el occidente.
SALMO 103:12

UN PADRE

Dios mío, ayúdame a recordar que eres mi Padre. Un Padre celestial que tiene recursos y poder ilimitados y cuyo amor es infinitamente mayor que el de cualquier padre terrenal. Cuando Satanás me tiente para que sospeche de ti, ayúdame a recordar que su meta es destruirme por completo. Llena mi corazón con la Verdad de que me amas perfectamente y solo quieres lo mejor para mí. De hecho, me quieres abrazar, bendecir y darme el cielo por herencia. ¡Qué Padre tan maravilloso eres! Amén.

Tan compasivo es el Señor con los que le temen como lo es un padre con sus hijos.
SALMO 103:13

En vasijas de barro

SALUD

Tenemos este tesoro en vasijas de barro.

1 CORINTIOS 4:7

¿UN SIMPLE CATARRO?

Señor amado, me siento mal. Tengo catarro y de simple no parece tener nada. No sé de qué clase es, pero me duele la cabeza, me arde la garganta, tengo roja la nariz y los ojos me lagrimean. Tengo que andar todo el día con pañuelos de papel y pastillas para la garganta. Ayúdame a pasar este día, Señor. Aunque el catarro no es un trauma serio, es muy desagradable, y necesito saber que le importa a alguien. Y gracias porque todos los catarros terminan desapareciendo. Amén.

Depositen en él toda ansiedad, porque él cuida de ustedes.
1 PEDRO 5:7

LAS VISITAS AL DENTISTA

Gracias por los dentistas, Dios mío.
Aunque no me gustaría pasarme los días
hurgando en la boca de otras personas,
estoy segura de que a ellos sí les
agrada. Estoy agradecida por los frenos,
dentaduras postizas, coronas y puentes.
Gracias por los empastes y la Novocaína
cuando los necesito. Cien años atrás,
mis experiencias centrales habrían sido
mucho peores sin duda. Así que, aunque
detesto sentarme en esa silla, gracias
porque tengo un buen dentista. ¡Y, por
favor, haz que no me toque ningún nervio
hoy! Amén.

(Un Salmo para dentistas):
Abre bien la boca, y te la llenaré.
SALMO 81:10

UNA BUENA PACIENTE

Dios mío, hoy me toca mi mamograma anual. Confieso que no es mi rasgo femenino favorito. En realidad, no me siento muy contenta con Eva en este momento; la mordida de esa fruta sí que significa una incomodidad para mí hoy. No me agrada que una máquina me aplaste y me estruje los senos, pero estoy agradecida porque les permitiste a los médicos descubrir una tecnología que detecta temprano los problemas. Pongo los resultados de hoy en tus manos. Y ahora, ¡ayúdame a ser una paciente buena y colaboradora. Amén.

Confía en el Señor de todo corazón,
y no en tu propia inteligencia.
PROVERBIOS 3:5

LA VISIÓN

¡Dios mío, estoy muy agradecida por los
avances en los lentes! Cualquiera que
sea el problema, miopía, hipermetropía,
astigmatismo, etc., hay ayuda hoy para
los de visión deficiente. Hace cien años,
yo habría tenido que usar unos lentes
de fondo de botella. Gracias por todas
las opciones que hay en este siglo. Tú
permitiste esos avances por razones
mayores que mi vanidad, pero gracias de
todas formas. ¡Es una bendición poder
ver! Amén.

Los oídos para oír
y los ojos para ver:
¡hermosa pareja
que el Señor ha creado!
PROVERBIOS 20:12

SOMETIMIENTO TOTAL

Señor, tengo miedo. Pronto me harán un examen médico. Sé que mi cuerpo es temporal y hecho de barro, pero de veras no quiero tener nada malo en él. Ayúdame a someterme a lo que tú decidiste para mí. Pero soy de la tierra… y vista desde mi perspectiva, la situación asusta. Enséñame a confiar minuto a minuto, no con la esperanza de que todo sea como yo quiero, sino en la certeza de que tú has pensado en todas las cosas de mi vida, y tienes control de todos los detalles. Amén.

Cuando siento miedo,
pongo en ti mi confianza.
SALMO 56:3

ESPERAR... Y PREGUNTARSE

Dios mío, me van a hacer una biopsia.
¡Esa palabra sí que me asusta! Significa
que algo horrible podría estar creciendo
dentro de mí. No me gustan las agujas
ni las incisiones, ni la espera por los
resultados. Esa es la peor parte: la espera.
Y preguntarse… Todo lo que quisiera es
que esto ya estuviera en mi pasado. Así
que necesito valor hoy, Señor. Y consuelo
también. Este es de los momentos en
que me siento tan increíblemente feliz de
tener un Padre celestial al cual acudir. Pero
ayúdame a pasar por esto, por favor. Amén.

«Te basta con mi gracia, pues mi poder se
perfecciona en la debilidad.»
2 Corintios 12:9

LAS SALAS DE ESPERA

Amado Jesús, alguien a quien amo mucho está en el hospital. Aquí estoy sentada, en la sala de espera, esperando al médico, deseando noticias, aunque temiendo oírlas. Hay gente a mi alrededor, conectada con este lugar por una persona a la que aman. Somos gente de todos los caminos de la vida, con una sola cosa en común: alguien que está sufriendo físicamente. Señor, la enfermedad y las lesiones tienen que obedecerte, y también las emociones que pesan en los corazones de los que están aquí. Por favor, visita todas las salas de espera y los cuartos de los pacientes y lleva la cura que solo viene de ti: tranquilidad, misericordia y valor. Amén.

El Dios de paz sea con todos ustedes.
ROMANOS 15:33

UN LUGAR PERFECTO

Dios Creador, quisiera que no hubiera tantas enfermedades en nuestro mundo. Esos microbios diminutos que se infiltran en el sistema inmune causan mucho dolor y angustia. Aunque no había enfermedades en el Huerto del Edén, ese lugar perfecto en que querías que estuviéramos, ahora forman parte de nuestra vida, consecuencia de la maldición bajo la cual sufre el mundo. Pero un día tu crearás una nueva tierra, y sé que las bacterias no podrán hacer nada allí. Lo espero, Padre Dios, porque entonces el mundo volverá a ser «muy bueno». Amén.

Después vi un cielo nuevo y una tierra nueva, porque el primer cielo y la primera tierra habían dejado de existir.
APOCALIPSIS 21:1

LOS RELOJES INTERNOS

Padre celestial, al parecer todos tenemos un ritmo interno ajustado de forma permanente a ciertos momentos del día. Hay aves tempraneras y lechuzas nocturnas y gente de mediodía. Pocos logran cambiar su reloj interno, Señor. Tal vez tu hayas querido crear a los humanos con diversos momentos de mayor energía. Sería muy aburrido que todos nos cansáramos al mismo tiempo todos los días. Gracias por la variedad que tú has puesto en todos nosotros. Amén.

Proclamar tu gran amor por la mañana, y tu fidelidad por la noche.
Salmo 92:2

EN BUEN ESTADO FÍSICO

Vivimos en un mundo loco con los ejercicios, Señor. Cuesta ser miembro de un gimnasio, se elogia a los que trotan por las mañanas, y la ropa para hacer ejercicios es ya cuestión de modas. Hay quienes hacen esto demasiado importante; emplean una cantidad enorme de tiempo en esas cosas. Y otros que no las tienen entre sus prioridades. Ayúdame, Dios mío, a mantener el punto de vista correcto sobre el buen estado físico, porque al fin y al cabo, tengo la responsabilidad de cuidar de este cuerpo que nos has prestado. Amén.

Aunque el ejercicio físico trae algún provecho, la piedad es útil para todo, ya que incluye una promesa no solo para la vida presente, sino también para la venidera.

1 TIMOTEO 4:8

LOS PEDAZOS DE LA VIDA

Señor amado, el paso de los minutos a horas es tan largo, que resulta aburrido. Es mucho más fácil enfocarse en un pedazo grande del tiempo, que en una miríada de pedazos pequeños. Pero las horas están hechas de minutos… así como el cuerpo está hecho de células. Cada una es vital para el todo. Señor, ayúdame a recordar que cada minuto de mi día es un pequeño pedazo de mi vida. Ayúdame a hacer el mejor uso posible de cada minuto. Amén.

Aprovechando al máximo cada momento oportuno, porque los días son malos.
Efesios 5:16

Nuestro Pan Diario

PETICIONES

Danos hoy nuestro pan cotidiano.

Mateo 6:11

UN TRABAJO PARA MÍ

Amado Padre celestial, necesito un trabajo. Tú sabes los retos que tengo en mi situación actual. Tú comprendes las razones por las que necesito hacer este cambio. Hay mucha gente buscando trabajo; los empleadores tienen muchas personas para escoger. Pero tú prometiste atender a mis necesidades básicas si yo le doy la prioridad máxima a tu reino en mi vida. Por eso, te pido que me dirijas en mi búsqueda y me ayudes a dar este paso con integridad y consideración por mi jefe actual. Te lo pido en tu nombre, amén.

«Más bien, busquen primeramente el reino de Dios y su justicia, y todas estas cosas les serán añadidas.»

Mateo 6:33

Señor amado, el primer paso hacia una meta es el más difícil, y no me siento motivada a darlo. Pero hay cosas que necesito hacer, y no he encontrado un hada que las haga por mí. Es un problema terrible dejarlo todo para mañana. Lo sé. Es lo que hago. No me gusta admitirlo, pero tú lo ves de todas formas. Gracias por darme más oportunidades de las que merezco. Recuérdame que necesito empezar. La inspiración brota muchas veces de un suelo regado por la obediencia. Quiero aprender bien esta lección. Amén.

---

*El camino del perezoso
está plagado de espinas.*
PROVERBIOS 15:19

PROBLEMAS CON EL JEFE

Dios mío, tengo el jefe más exigente de la vida. Le tengo que demostrar el amor de Cristo, pero eso puede ser todo un reto cuando es a veces tan difícil de complacer. Dame valor, Señor, para superar mis emociones. Ayúdame a orar por mi jefe, como dice la Biblia que haga, y servirle como si te estuviera sirviendo a ti. Porque tú, Señor, eres mi verdadero jefe. Bendice a mi jefe hoy, Dios mío, y muéstrale tu amor a través de mí. Amén.

Hagan lo que hagan, trabajen de buena gana, como para el Señor y no como para nadie en este mundo.
COLOSENSES 3:23

LAS PERSONAS DIFÍCILES

Señor amado, ayúdame a ser paciente
y bondadosa hoy. La Biblia habla de la
mansedumbre. Eso es lo que yo necesito
cuando trato con gente difícil y situaciones
irritantes. Ya se trate de niños peleoneros o
conductores imprudentes o dependientes
angustiados, yo sé que hoy va a haber
alguien que me va a irritar. En esos
momentos en que quisiera gritar, ayúdame
a recordar que debo soportar y perdonar.
Es muy fácil reaccionar, pero ayúdame a
escoger deliberadamente mi respuesta.
Dependo de tu poder, Padre. Amén.

*Que se toleren unos a otros y se perdonen
si alguno tiene queja contra otro.*
COLOSENSES 3:13

UNOS RECURSOS ILIMITADOS

Padre, que en la Biblia tú dices: «Míos son los animales del bosque, y mío también el ganado de los cerros». Tus recursos son ilimitados. Ayúdame en una necesidad que tengo hoy. Aunque trato de manejar bien el dinero que me das, algo inesperado me ha atrapado sin los fondos necesarios. Sé que puedes remediar esta situación, si piensas que eso es bueno para mí. Como a Padre, te pido consejo en mis finanzas. Necesito tu sabiduría en este aspecto de mi vida. Amén.

«Míos son los animales del bosque, y mío también el ganado de los cerros.»
SALMO 50:10

Mía es la plata, y mío es el oro —afirma el Señor Todopoderoso—.
HAGEO 2:8

¡PERDIDO!

¡Señor, volví a perder mi teléfono celular! Por favor, ayúdame a encontrarlo. Sé que a veces soy descuidada; ayúdame a aprender de esto. Pero, Señor, tú sabes que tengo mucha información en ese teléfono y lo mucho que lo necesito para cumplir con mis responsabilidades de hoy. Tú sabes dónde está. Ayúdame a pensar en ese lugar. Guíame a él. Y como la mujer que perdió la moneda… ¡yo también me regocijaré! Amén.

«Alégrense conmigo; ya encontré la moneda que se me había perdido»
Lucas 15:9

DIOS ES UN ESCUDO

Dios protector, hoy me acuerdo de alguien que está en las fuerzas armadas. Aunque sé que la guerra no estaba en tus planes originales para este mundo, se ha vuelto necesaria para vencer a la maldad. La Biblia relata cuando guiabas a los israelitas, tu pueblo a la batalla para defender lo justo. Hay honra en defender la libertad y la justicia. Protege a esa persona de los peligros, dale tu paz y pon un cerco protector alrededor de ella. Guarda a todos los que arriesgan su vida por protegerme a mí. En el nombre de Cristo, amén.

Escudo es Dios a los que en él se refugian... adiestra mis manos para la batalla, y mis brazos para tensar arcos de bronce. Tú me cubres con el escudo de tu salvación.

SALMO 18:30, 34-35

LA COMUNICACIÓN

¡Dios amado, la internet es una maravillosa herramienta! Gracias por darnos capacidad para inventarla. Pero también tiene un gran potencial para el mal. Protege a mi familia de los depredadores en línea, del contenido sexual, los sitios que tendrían una influencia negativa en nuestra relación contigo. Ayúdame a usar la web con prudencia. Como los demás medios, se puede usar para el mal. Pero con tu ayuda, puede ser un instrumento del bien en nuestro hogar. Amén.

*No me pondré como meta
nada en que haya perversidad.*
SALMO 101:3

UNA LUZ RESPLANDECIENTE

Amado Dios, quiero ser mejor testigo tuya. Tengo amigos y parientes que no te conocen, y todos los días trato con personas que no son creyentes. Señor, no quiero ser cursi ni prepotente, pero sí quiero que mi luz brille ante los demás. Te pido que me abras las puertas hoy. Déjame sentir que me motivas. Y que el testimonio silencioso de mi vida también les hable a otros de tu gran plan de salvación. En el nombre de Jesús, amén.

«Hagan brillar su luz delante de todos, para que ellos puedan ver las buenas obras de ustedes y alaben al Padre que está en el cielo.»
MATEO 5:16

Hogar y Familia

RELACIONES

Oh Señor, Dios nuestro, nuestros hogares son tuyos para siempre. Te confiamos sus problemas, esfuerzos y cuidados.

BARBARA B. HART,
"A CHRISTIAN HOME"

BENDICE A MI ESPOSO

Padre, gracias por crear el matrimonio.
Sabías que necesitaríamos su estructura
y su bendición. Mi esposo enriquece mi
vida de muchas maneras. Y tiene una
gran responsabilidad ante ti por nuestro
matrimonio. Te pido que le des fortaleza
en su papel de líder espiritual de nuestro
hogar. Tú lo hiciste valiente y audaz, pero
Satanás, que no quiere que logre guiar
nuestra familia a la comprensión espiritual,
sabe trabajar contra nosotros. Derrótalo
hoy, te lo pido. Haz que mi esposo asuma
su responsabilidad con fortaleza y gozo. En
el nombre de Cristo, amén.

«No es bueno que el hombre esté solo.»
GÉNESIS 2:18

AÚN APRENDIENDO

Señor, estoy enojada con mi esposo en este momento. No lo entiendo. ¿Cómo no se da cuenta de que sus palabras insensibles me hieren? Lo que tengo ganas de hacer es citarle todos esos versículos de la Biblia, los que dicen «amen a sus esposas» y «no sean duros con ellas» (Colosenses 3:19). Yo sé que tú eres el único que le puede hablar de verdad al corazón. Haz que vea la forma en que sus palabras me afectan como mujer. Enséñalo a ser amable. Y a mí ayúdame a recordar que también soy aprendiz en esto de las relaciones. ¡Controla tú el aula! Amén.

Sobre todo, ámense los unos a los otros profundamente, porque el amor cubre multitud de pecados.
1 PEDRO 4:8

LO ECHÉ TODO A PERDER

Señor, lo eché todo a perder hoy. Fui antipática con mi esposo y dura con mis hijos. Quisiera no haber usado esas palabras y esas actitudes. A veces se me hace difícil entender por qué tú aún me amas. Te agradezco que me confiaras una familia, a pesar de que hoy he hecho un trabajo pésimo. Tu Palabra me promete la purificación si lo confieso. Ayúdame a recordar esto la próxima vez que me sienta frustrada e impaciente. Ayúdame a dominarme y le responda correctamente a la familia que tú me diste. En el nombre de Cristo, amén.

Si confesamos nuestros pecados, Dios, que es fiel y justo, nos los perdonará y nos limpiará de toda maldad.

1 JUAN 1:9

PROTÉGEME

Padre amado, en las prisas de la vida, me olvido pronto de darte gracias por unas cosas importantes. Muchas veces has protegido a mi familia de daños físicos, y lo he venido a saber después. Y estoy segura de que ni siquiera sé de esos momentos en que nos has guardado de peligros espirituales. Somos la niña de tus ojos, pero no somos inmunes a los traumas y los desastres; tú no vas a quitar los efectos de la maldición hasta que llegue el momento debido. Pero por ahora, te agradezco que cuides de nosotros y que la única forma de que algo nos toque es después de haber pasado por tu amorosa inspección. Amén.

Cuídame como a la niña de tus ojos;
escóndeme, bajo la sombra de tus alas.
SALMO 17:8

CELEBRACIÓN DE LOS HERMANOS

Padre celestial, gracias por mis hermanos. Cuando es necesario, sé que puedo confiar en ellos. Saben mi historia, conocen mi temperamento y mi caminar por la vida. Tenemos la misma sangre y la misma filosofía básica de la vida. De niños, reñíamos mucho, pero ahora, me encanta que me llame uno de ellos. Me comprenden como nadie. Y te pido que siempre nos ayudemos. Bendice a mis hermanos y hermanas hoy. En el nombre de Jesús, amén.

Si alguien afirma: «Yo amo a Dios», pero odia a su hermano, es un mentiroso; pues el que no ama a su hermano, a quien ha visto, no puede amar a Dios, a quien no ha visto.

1 JUAN 4:20

INVERSIÓN DE PAPELES

Señor amado, cuando era niña, mis padres parecían eternos. Pero ahora veo que cada día es más corto el tiempo que los tendré conmigo. Están envejeciendo, Señor, y cada vez más, me encuentro cuidando de ellos. Esta inversión de papeles es muy difícil para mí. Estoy acostumbrada a que ellos cuiden de mí, y querría que me cuidaran por más tiempo. Por favor, dame fortaleza para enfrentarme a esta nueva fase de nuestra relación, y ayúdame a honrarlos mientras vivan, y aun después. Amén.

«Aun en la vejez, cuando ya peinen canas, yo seré el mismo, yo los sostendré. Yo los hice, y cuidaré de ustedes; los sostendré y los libraré.»
ISAÍAS 46:4

AMAR

Dios amado, gracias por enviarme un hombre fuerte que me ama. No solo es fuerte en lo físico, sino también en su estabilidad emocional y mental. No quiero que eso cambie, pero ayúdale a aprender el lenguaje de la ternura. Sé que a un hombre le es difícil captar lo que significan el afecto y las palabras amables para una mujer, pero te pido que ayudes a mi esposo a amarme con sus palabras. Y tal vez haya alguna necesidad importante en su vida que yo no esté satisfaciendo; házmelo ver y permíteme que mi meta sea su felicidad. Amén.

El amor... todo lo disculpa, todo lo cree, todo lo espera, todo lo soporta.
1 CORINTIOS 13:7

MEDIANA EDAD Y EMOCIONES

¡Ayúdame, Señor! ¡Mi esposo está en la crisis de la edad mediana! No sé si debo llorar con él, o ignorarlo. Está midiendo su vida por lo que ha logrado: su posición, sus posesiones, su reputación. Yo mido mi vida por mis relaciones: el estado de mi matrimonio, la madurez de mis hijos y las amistades que disfruto. Así que, Dios mío, por favor ayúdalo de las formas que yo no puedo. Calma sus temores con tu paz y hazle ver su gran valor, a pesar de las metas que aún no ha alcanzado. Yo lo amo, con cabello o sin él. Amén.

Que el Dios de la esperanza los llene de toda alegría y paz a ustedes que creen en él, para que rebosen de esperanza por el poder del Espíritu Santo.
ROMANOS 15:13

PERDIDO EN LA TRADUCCIÓN

Señor amado, la comunicación no está funcionando. ¿Cómo podemos resolver los conflictos mi esposo y yo, y buscar unidad, si ni siquiera hablamos el mismo idioma? Cuando le trato de explicar algo, él oye cosas que yo ni siquiera he dicho. Y cuando él habla, lo poco que habla, no lo entiendo. Él piensa que no tengo lógica y yo pienso que él es insensible. Eso sí que complica las cosas. Ayúdame a entender lo que él está diciendo en realidad, sin saltar a responderle. Danos una actitud de amor la próxima vez que hablemos. En el nombre de Jesús, amén.

Si hablo en lenguas humanas y angelicales, pero no tengo amor, no soy más que un metal que resuena o un platillo que hace ruido.
1 Corintios 13:1

EL ÚNICO PARA MÍ

Dios mío, tú nos juntaste a mi esposo y a mí de entre los miles de millones de habitantes del planeta. Yo lo valoraba por encima de los demás. Estaba ansiosa por ser su esposa. Y creo que él pensaba lo mismo sobre mí. Después de varios años de matrimonio, la rutina de la vida diaria y las imperfecciones y rarezas que vemos el uno en el otro, a veces hacen que no veamos los dones del otro. Ayúdame hoy a recordar lo bueno que es mi esposo en realidad y ábreme los ojos a las cosas que me hicieron enamorarme de él. Amén.

¡Cuán hermoso eres, amado mío!
¡Eres un encanto!
CANTAR DE LOS CANTARES 1:16

UN CONFLICTO

Señor amado, mi esposo y yo discutimos
hoy. Los expertos dicen que los conflictos
son inevitables y normales. Así es como
resolvemos lo importante. Pero no
me parece que nos hayan salido bien
las cosas. Ambos estamos enfadados
todavía. Ayúdanos a procesar con
corrección este conflicto y salir de él.
Nuestros desacuerdos suelen empezar
por insignificancias. Ayúdanos a valorar
más nuestro matrimonio que los dones de
cada cual. Ayúdame a mí a olvidar y darle
la bienvenida esta tarde en casa. En el
nombre de Jesús, amén.

---

*Si se enojan, no pequen. No permitan que
el enojo les dure hasta la puesta del sol, ni
den cabida al diablo.*
EFESIOS 4:27

EL DELEITE DE HONRARLO

Dios mío, quiero ser la esposa que mi esposo necesita en todos los aspectos de su vida. Tú lo creaste con una gran necesidad de recibir respeto, lo cual influye mucho en su contentamiento, su capacidad para triunfar en el trabajo y su actitud hacia mí. Que no me limite a cumplir con sus «requisitos», sino que sienta gozo al satisfacer sus necesidades. Dame el deseo y la sabiduría que necesito para bendecir a mi esposo de esa manera. Amén.

Ámense los unos a los otros... respetándose y honrándose mutuamente.
ROMANOS 12:10

UN CANAL DE ATENCIÓN

Sr, soy parte de la «generación sandwich». Tengo nietos y padres ancianos. Cuando no estoy cuidando a los pequeños, estoy atendiendo a los ancianos. Y en ambos trabajos hay necesidad de pañales. Me alegra tener salud y recursos para bendecir a mis padres, que tanto han hecho por mí toda su vida. Y no cambiaría por nada estos dulces años con mis nietos. Pero al mismo tiempo, siento agotados mis recursos emocionales. Hoy necesito más fuerza y más paz, Jesús. Permíteme ser un canal de atención para aquellos a quienes amo. Amén.

«Vengan a mí todos ustedes que están cansados y agobiados, y yo les daré descanso.»
MATEO 11:28

Más Alto

METAS

«Señor, levántame y déjame pararme en fe sobre la meseta del cielo; un plano más alto que he encontrado; Señor pon mis pies en un terreno más elevado.»

JOHNSON OATMAN, JR.,
«HIGHER GROUND»

BARANDALES ESPIRITUALES

Amado Dios, ayúdame a poner límites en mi vida. No quiero ser presa del pecado, solo por no haber sido cuidadosa. Como los barandales de una peligrosa carretera de montaña, que los barandales de mi vida me tengan cerca del centro y lejos de los precipicios. Satanás me quiere destruir, pero tu poder es mayor. Quiero cooperar con tu gracia con cuidado y discernimiento. En el nombre de Cristo, amén.

Manténganse alerta. Su enemigo el diablo ronda como león rugiente, buscando a quién devorar.
1 PEDRO 5:8

PASIÓN Y PROPÓSITO

Padre, estoy en una rutina. Me gusta
lo familiar, pero esta monotonía está
acabando con mi razón de ser. Sé que
hay partes de la vida que no son nada
hermosas, satisfactorias o importantes
(al menos en la superficie). Pero vivir
sin pasión ni propósito no es lo que tú
querías para nosotros. Muéstrame, Señor a
hallarle sentido a mi vida diaria. Abre mis
ojos a los gozos que vienen con las horas
aburridas de la vida. Pongo mis añoranzas
en tus manos. Amén.

---

*En Cristo también fuimos hechos
herederos, pues fuimos predestinados
según el plan de aquel que hace todas las
cosas conforme al designio de su voluntad.*
EFESIOS 1:11

LA ALEGRÍA

Jesús, no te puedo imaginar como un
hombre solemne y amargado. Creo que
disfrutaste la vida inmensamente, y sé que
alegraste a los que te rodeaban. Si no,
¿cómo iban a querer comer contigo los
«pecadores y recaudadores de impuestos»,
como señalaban tus enemigos. Tu misión
en este planeta era sagrada y grave, pero
yo creo que tu aspecto diario era alegre y
agradable. A la gente le encantaba estar
contigo. Ayúdame a seguir tu ejemplo
en mi actitud diaria y a hacer caso de tu
mandato de «tener ánimo». Que te refleje
a ti con mi manera de vivir. Amén.

«¡Ánimo, hija!»
MATEO 9:22

LOS DE ARRIBA

Dios amado, necesito ayuda con mis
prioridades. Se me descontrolan muy fácil.
Muéstrame lo que he dejado que suba
hasta donde no debe estar. Señálame
los aspectos en que tengo que poner
más énfasis y comprometerme más.
Ayúdame a recordar que la gente vale
más que las posesiones y las metas. Que
sea eso lo que refleje mi invisible lista de
prioridades. Amén.

*«Porque donde esté tu tesoro, allí estará
también tu corazón.»*
MATEO 6:21

AMABLE Y SERENA

Señor, leo en tu Palabra que tú valoras a los que son amables y serenos. A veces esto es muy difícil para mí, Señor. No soy fácil, porque tengo mis propias opiniones sobre las cosas. A veces me es muy difícil quedarme callada o hablar bajo. Sin embargo, sé que así es como tú quieres que sea. El universo ya tiene demasiadas mujeres mandonas. Enséñame, Señor, a ser serena y amable. Amén.

Que su belleza sea más bien la incorruptible, la que procede de lo íntimo del corazón y consiste en un espíritu suave y apacible. Esta sí que tiene mucho valor delante de Dios.
1 PEDRO 3:4

UNA BÚSQUEDA SILENCIOSA

Dios amado, todos recibimos grandes bendiciones cuando estamos con otros, disfrutando esos momentos. Pero yo necesito que me ayudes a aceptar la soledad también. Hazme ver el valor que tienen los tiempos en que estoy sola, aliviando mi mente y refrescando mi espíritu en el silencio. No solo necesito pasar tiempos así contigo en adoración personal, sino también incorporar a mi rutina diaria esos momentos en que no hay música ni computadora. Ayúdame a buscar esos tiempos de tranquilidad. Amén.

«En la serenidad y la confianza está su fuerza.
Isaías 30:15

BIENAVENTURADOS LOS FLEXIBLES

Dios mío, me cuesta ser flexible. No me gusta que me interrumpan mi rutina. Para mí es todo un desafío aceptar el cambiar de ruta mi día. Sin embargo, algunas veces tú tienes que reorganizarme, porque no he sabido reconocer tus insinuaciones. O tal vez haya alguien que quieras que conozca, o un desastre que deba evitar. Ayúdame a aceptar los desvíos en mi plan de hoy, consciente de que tú eres soberano sobre todas las cosas. Amén.

Este es el día en que el Señor actuó;
regocijémonos
y alegrémonos en él.
SALMO 118:24

LA PERSPECTIVA DEL HOGAR VERDADERO

Señor, quiero vivir con una perspectiva de eternidad. El cielo es más que una fábula para sentirse bien junto a una tumba. Es un lugar real; tan real como esta tierra, y de una duración mucho mayor. Cuando vivo como si la tierra fuera la meta definitiva, tiendo a ser indulgente conmigo misma. Cuando recuerdo que mi punto real de destino es el cielo, les doy valor a las cosas que perduran, las de verdadera importancia. Ayúdame a mantener los ojos fijos en tu reino celestial. Amén.

Confesaron que eran extranjeros y peregrinos en la tierra. Al expresarse así, claramente dieron a entender que andaban en busca de una patria.
HEBREOS 11:13-14

Amado Señor, quiero tener un corazón obediente. A veces, cuando me hablas, titubeo o quiero posponer lo que me estás pidiendo que haga. Pero eso significa, o que no confío en ti, o que quiero las cosas a mi manera, y nada de eso es bueno. Una niña debe obedecer a sus padres porque reconoce que tienen el derecho de guiarla, y porque confía en el amor con que le hablan. Ayúdame, Señor, a aceptar esa clase de actitud cuando tú me hables. En el nombre de Cristo, amén.

No se contenten solo con escuchar la palabra, pues así se engañan ustedes mismos. Llévenla a la práctica.
SANTIAGO 1:22

¿INQUIETARME? ¡NO!

Amado Señor, tu Palabra me dice que no me debo inquietar. Yo digo que solo es preocupación, pero eso es decirlo de una forma bonita. Las mujeres de antes solían decir que nacemos para inquietarnos. Tal vez haya algo de cierto, por lo mucho que nos importan nuestras relaciones, y sobre todo lo que nos preocupan aquellos que amamos y cuidamos. Pero la inquietud no es buena, y no logra nada. Así que hoy, ayúdame a no inquietarme, sino entregarte todas mis «preocupaciones» a ti.

No se inquieten por nada; más bien, en toda ocasión, con oración y ruego, presenten sus peticiones a Dios y denle gracias. Y la paz de Dios, que sobrepasa todo entendimiento, cuidará sus corazones y sus pensamientos en Cristo Jesús.
FILIPENSES 4:6-7

LA VIDA SENCILLA

Dios amado, sencillez es una palabra de moda hoy. Todos quieren algo «sencillo». Tal vez porque la vida se volvió demasiado complicada y añoramos una vida más tranquila. Necesito simplificar mis metas en mis relaciones y mi trabajo. Eso me ayudaría a tener una vida más centrada. Y en mi vida espiritual, un poco de sencillez también me vendría bien. En lugar de leer a diario numerosos capítulos de tu Palabra, ayúdame a centrarme en uno o dos versículos, para conocerte con mayor profundidad. Ayúdame a tener metas sencillas y fe sencilla para vivir con sencillez para ti. Amén.

Les animamos... a procurar vivir en paz con todos, a ocuparse de sus propias responsabilidades y a trabajar con sus propias manos.
1 Tesalonicenses 4:11

EL CAMINO AL GOZO

Señor, vivo en una cultura que exige siempre más. Veo por todas partes bellos anuncios de cosas que «necesito». Es difícil contentarse cuando la bombardean a una con mensajes contrarios. Yo sé que acumular más cosas no es el camino al gozo. Y tú no me bendices para que me mime, sino para que comparta. Que mi vida esté marcada por la limitación y por un profundo contentamiento que brota de ti, el centro de mi realización. En el nombre de Jesús, amén.

Manténganse libres del amor al dinero, y conténtense con lo que tienen.
HEBREOS 13:5

EL MANEJO DEL TIEMPO

Amado Dios, a veces pienso que necesito
más de veinticuatro horas en un día.
Nunca parece haber tiempo suficiente.
Añoro temporadas más sencillas de mi
vida en las que podía hacer realmente
todo lo que me proponía. Sentía
satisfacción con unos pocos momentos
sin tensión. Ahora tengo la agenda llena,
y vivo agitada. Espíritu Santo, guíame en
este aspecto de mi vida. El uso del tiempo
es mayordomía, así que te pido sabiduría.
Enséñame a manejar las horas que tengo
para poderte honrar en todo lo que haga.
En el nombre de Cristo, amén.

Enséñanos a contar bien nuestros días,
para que nuestro corazón adquiera
sabiduría.
Salmo 90:12

LA MANSEDUMBRE

Padre celestial, quiero desarrollar la mansedumbre, esa fortaleza callada. En lugar de ser señal de debilidad, la mansedumbre es rasgo de los fuertes. Hay que ser fuerte para callarse cuando se quiere hablar. La mansedumbre no es para los débiles de corazón. Es para los que van al frente en el crecimiento espiritual. Como Moisés, el hombre más manso de la tierra (lee Números 12:3), nosotros también podemos cosechar la recompensa de esa fortaleza silenciosa en nuestra vida. Amén.

Siempre humildes y amables, pacientes, tolerantes unos con otros en amor.
EFESIOS 4:2

DE VUELTA AL CENTRO

Padre celestial, necesito equilibrio en mi vida. Es una de las cosas más difíciles de lograr. Tendemos tanto al desequilibrio, a los extremos. Es un reto mantenerse en el centro. Por eso necesito que me enderezes y me ayudes a ir por el camino estrecho. En los aspectos de mi vida en que me esté yendo hacia un lado, tráeme de vuelta al centro, Señor. En el nombre de Jesús, amén.

«Hagan sendas derechas para sus pies para que la pierna coja no se disloque, sino que se sane.»
HEBREOS 12:13

Capullos y Alas

LA MATERNIDAD

Todo tiene su momento oportuno.

ECLESIASTÉS 3:1

Padre celestial, gracias por nuestro bebé. Has bendecido nuestro hogar con una nueva vida que criar y guiar. Me abruman la responsabilidad y el gozo. ¡Me estoy tratando de adaptar a la realidad de que soy madre! Temo no poder lograrlo. Tal vez no sea una buena madre. Y al parecer, nunca volveré a un horario normal ni dormiré una noche de un tirón. Pero confío en que me ayudes con esta inmensa tarea. Tan desvalido es este bebé sin mí, como lo soy yo sin ti. Gracias por ser mi Padre y permitirme ser la madre de mi pequeño. Amén.

Como un pastor que cuida su rebaño, recoge los corderos en sus brazos; los lleva junto a su pecho, y guía con cuidado a las recién paridas.

ISAÍAS 40:11

MI LEGADO

Amado Dios, ¿qué legado voy a dejar?
Quiero que me recuerden por algo más
que vestirme bien, tener una buena
familia e ir a la iglesia. Quiero que me
recuerden por la forma en que invertí mi
vida en las vidas de los demás. Al fin y al
cabo, el amor es lo único perdurable en
esta tierra, lo que va a quedar cuando me
haya ido físicamente para vivir contigo en
la eternidad. Señor, que mi legado esté
envuelto en mi servicio amoroso a los
demás. En el nombre de Jesús, amén.

---

*El amor jamás se extingue, mientras que
el don de profecía cesará, el de lenguas
será silenciado y el de conocimiento
desaparecerá.*
1 CORINTIOS 13:8

LA DISCIPLINA

Padre, dame sabiduría para disciplinar a
mis hijos. La maternidad exige habilidades
superiores a mi capacidad natural. Cuando
recuerdo que estoy formando la próxima
generación adulta, casi siento pánico.
¿Los sabré preparar para manejar la vida?
Bueno, no solo en mi sabiduría, pero tú
puedes llenar los espacios dejados por mis
limitaciones humanas. Los quiero disciplinar
de manera que respondan bien a la
autoridad sin que eso les aplaste el espíritu.
Ayúdame a discernir entre la inmadurez
infantil y el desafío abierto. Confío en que
me guiarás mientras crío a los niños que tú
pusiste a mi cuidado. Amén.

*La vara de la disciplina imparte sabiduría,
pero el hijo malcriado avergüenza a su
madre.*
PROVERBIOS 29:15

POR LOS PRÓDIGOS

Padre celestial, te pido que estés con mis hijos esta noche. Como hijos pródigos, están en un lugar lejano, centrados en el mundo y tomando sus decisiones. Es como si hubieran olvidado quién eres tú en realidad. Me siento desesperada por intervenir, pero tú me sigues recordando que ore mucho y hable poco. Ahora, Señor, demuéstrales tu poder y tu amor de formas que no puedan ignorar. Tráelos a tu camino. En el nombre de Cristo, amén.

Que se vuelva al Señor, a nuestro Dios, que es generoso para perdonar, y de él recibirá misericordia.
ISAÍAS 55:7

PARA TU GLORIA

Señor, gracias por mis hijos y su originalidad. Los has bendecido con dones y capacidades a todos. Cuando crezcan, Padre, enséñame a ayudarlos a descubrir todo su potencial. Tú no nos diste talentos para usarlos en nuestros propios placeres, sino para darte gloria y bendecir a otros. Permite que guíe a mis hijos mientras ellos miran al futuro, y que algún día sean adultos piadosos y colaboradores que te honren a ti. Amén.

Nada me produce más alegría que oír que mis hijos practican la verdad.

3 Juan 4

LAS HIJAS

Señor, me diste una hija para amarla y
criarla. Gracias por confiármela. Quiero
que llegue a ser una joven hermosa,
segura de sí y piadosa. Te pido que refleje
el ejemplo que le he dado, y valore las
cosas que yo hago. Ayúdame a hacerle ver
la femineidad de forma positiva y bíblica.
Enséñame a dirigirla a tus principios en
cuanto a actitudes, vestido y relaciones.
Enséñame a ser la madre que ella necesita
para llegar a ser un día la mujer que
querías que fuera cuando la creaste. En el
nombre de Cristo, amén.

*Que sean nuestras hijas como columnas
esculpidas para adornar un palacio.*
SALMO 144:12

LOS HIJOS

Padre Dios, gracias por mi hijo. Cuando pienso en las responsabilidades de hombre que tendrá, sé que tengo mucho que enseñarle. Hay cosas de la niñez y la adolescencia que yo solo he entendido por el estudio y la observación. Por otra parte, hay cosas que le puedo enseñar desde el punto de vista de una mujer, y lo harán mejor esposo y padre. Tráeme a la mente las cosas que necesito hablar con él; dame discernimiento para poder resolver los problemas con los que pueda estar luchando. Bendice nuestra relación para que enriquezca las vidas de ambos. Amén.

Que nuestros hijos, en su juventud, crezcan como plantas frondosas.
SALMO 144:12

POR PROTECCIÓN

Dios amado, te pido que cuides a mis hijos. No sé por qué siento temor por ellos hoy. Sé que tú los amas más que yo, y que has visto toda su vida desde que fueron concebidos. Protégelos hoy. Si en este momento están en peligro físico, protégelos. Si se están enfrentando al ridículo o a la humillación, recuérdales que tú piensas que son maravillosos. Si se sienten desanimados o derrotados en este momento, llévales alguien que les manifieste tu amor. Te doy gracias por oír mi oración y por conocer mi corazón. Amén.

El ángel del Señor acampa en torno a los que le temen;
a su lado está para librarlos.
SALMO 34:7

TIEMPO PARA CONVERSAR

Señor, necesito hablar de algunas cosas
con mis adolescentes. Son muchas las
cosas que aparecen en esta edad. Y ahora
mismo, siento el peso de mis propias
preocupaciones. Pero su proceso de
maduración no va a esperar hasta que
yo haya arreglado mi vida. Está pasando
ahora mismo. Enséñame el momento
y lugar para esas conversaciones tan
importantes. No quiero que sean
incómodas ni cursis. Quiero apoyarlos y
acompañarlos en las cosas importantes.
Guíame, por favor. En el nombre de
Jesús, amén.

*Críenlos según la disciplina e instrucción
del Señor.*
Efesios 6:4

LOS DÍAS DE ESCUELA

Padre, mi primera hija comienza hoy en la escuela. Estoy orgullosa y triste al mismo tiempo. Es un paso más hacia su independencia, y no sé si estoy lista para ella. Me alegra el progreso que ha hecho, pero también significa que no me necesita como antes. Ayuda a su maestra, Señor, a ser una buena influencia en mi pequeña. Que sea bondadosa y serena, y de buenas maneras. Ve con ella cuando yo no la pueda ver y cuidar. Guarda su cuerpo y su mente. Y ayúdame a soltarla en esta cosa tan pequeña. Amén.

Dios hizo todo hermoso en su momento.
ECLESIASTÉS 3:11

ESTÁ VACÍO

Padre celestial, se acaba de ir el último. ¡Qué extraña me siento! Todos estos años que quería paz y silencio… no era cierto. ¡Qué no daría ahora por un poco de ruido! ¿Y todas esas veces que me sentí como la cocinera, la conductora, la tutora y la criada? Bueno, no sé qué hacer ahora que solo tengo que cuidar de mi esposo y de mí. Señor, yo sé que tu plan es que los hijos crezcan y se vayan del hogar para entrar al futuro que tú tienes para ellos. Necesito tu gracia para aceptar esta nueva temporada y aprender a aceptar sus dones. Amén.

Los hijos son una herencia del Señor.
SALMO 127:3

Confidentes y Mentoras

AMIGAS

En todo tiempo ama el amigo.

PROVERBIOS 17:17

LA HOSPITALIDAD

Señor amado, tengo que mejorar en mi
hospitalidad. Tú me bendijiste, y necesito
bendecir a otros. De hecho, la hospitalidad
es una de esas virtudes que el apóstol
Pablo le indicó a la Iglesia. Compartir mi
hogar con otros es mi deber de cristiana y
también una forma excelente de alcanzar
a creyentes con las que he hecho amistad.
Por favor, no dejes que tema tener a otros
en mi casa, sino que halle maneras de
que sea algo que disfrutemos todas. En el
nombre de Jesús, amén.

*Practiquen la hospitalidad entre ustedes
sin quejarse.*
1 PEDRO 4:9

MI YO REAL

Padre celestial, en mi mundo muchos usan caretas. Los terráqueos tenemos miedo a ser reales con los demás; tememos que no nos respetarán ni estimarán. Y, aunque parezca raro, tememos ser reales hasta contigo… y tú eres el que me conoce por completo. Quiero ser genuina cuanto me dirija a otras personas e interactúe con ellas, incluso contigo. Dame valor para rechazar el atractivo de la «perfección» artificial y hacer reales mi vida y mis relaciones. Amén.

He optado por el camino de la fidelidad.
SALMO 119:30

AMIGAS PARA TODO

Querido Padre celestial, te agradezco mis amigas. Son una parte vital de mi vida. Cuando mi familia no me puede ayudar, mis amigas lo hacen. Cuando necesito alguien con quien quejarme, ellas me escuchan. Cuando necesito un empujón para seguir adelante, ellas no vacilan en dármelo. Mi viaje por la vida sería solitario y triste sin esas asombrosas mujeres que caminan conmigo. Gracias por bendecirme a través de ellas. Ayúdame a devolverles el favor. Amén.

Un tiempo para llorar, y un tiempo para reír; un tiempo para estar de luto, y un tiempo para saltar de gusto.

ECLESIASTÉS 3:4

MUDANZAS Y NUEVAS AMISTADES

Dios mío, no me gustan los cambios ni los lugares nuevos. Prefiero mi zona de comodidad. Pero eso no está pasando. Aquí estoy en un ambiente nuevo y extraño. Echo mucho de menos a mis amigas de antes. Tengo ganas de llorar cuando las recuerdo. Pero eso no sirve de nada, ¿verdad? Necesito valentía del cielo. Es hora de erguirme, entrar, sonreír, presentarme y conocer gente nueva. Las consideraría «preamigas». ¡Ayúdame a no acobardarme! Gracias. Amén.

Hay amigos más fieles que un hermano.
PROVERBIOS 18:24

LA RECONCILIACIÓN

Señor amado, me siento como si fuera la estrella de I Love Lucy en un episodio en el que Ethel y Lucy han tenido un pleito. No puedo creer que mi amiga y yo hayamos tenido un desacuerdo así. Siento muy rara la frialdad entre nosotras en lugar de la cálida amistad que siempre hemos tenido. Confieso que aún me duele lo que ella me dijo. Tal vez ella sienta lo mismo por lo que yo le dije. Así que, por favor, ayúdanos a las dos a dar pasos hacia la reconciliación. ¿Qué quieres que haga ahora mismo para empezar a reparar esta amistad? Amén.

Perdónense mutuamente, así como Dios los perdonó a ustedes en Cristo.
EFESIOS 4:32

UNA AMISTAD FIEL

Padre, necesito hablar en serio con mi amiga. Parece estar haciendo algunas malas decisiones. Temo por ella. Por favor, no permitas que me una a los comentarios de las que están hablando de ella. Pero que yo me quede callada no es lo que ella necesita. Yo sé cosas de su vida que la han traído hasta donde está hoy; conozco su sufrimiento y sus añoranzas secretas. No permitas que la traicione, sino que me le acerque para compartir la carga que está llevando, y tal vez sugerirle con amor otra solución que no sea la que está tomando. Sana su corazón, Señor, y guíame a mí en el proceso. En el nombre de Cristo, amén.

*Más confiable es el amigo que hiere
que el enemigo que besa.*
PROVERBIOS 27:6

LA MENTORÍA

Amado Dios, la Biblia dice que las mujeres de más edad sean mentoras de las más jóvenes. Eso no existe en mi vida. Aunque mi madre hizo un gran trabajo enseñándome las lecciones que había aprendido en la vida, y tenemos una buena relación, sigo necesitando la visión y el apoyo de una mujer mayor. Señor, necesito una confidente que me ayude a triunfar. Envíame alguien así en cumplimiento de tu Palabra. Y haz que algún día yo asuma ese papel cuando tenga la formación necesaria. Amén.

Deben... aconsejar a las jóvenes a amar a sus esposos y a sus hijos.
Tito 2:4

UNA AMIGA EN NECESIDAD

Dios mío, a mi amiga le acaban de
diagnosticar un cáncer. Estoy sorprendida,
devastada, enojada. Quiero estar fuerte
para ayudarla, pero solo siento cómo se
estremecen mis emociones cada vez que
hablamos. No conozco tus planes, pero en
mi amor por ella, todo lo que te pido es
que la sanes por completo y a mí me des
valor para apoyarla. Danos a ambas tu paz,
presencia y consuelo en los próximos días.
Quiero ser su amiga de verdad, más que
nunca antes. Amén.

En todo tiempo ama el amigo.
PROVERBIOS 17:17

EL GRANO QUE BENDICE

Señor, gracias por haber creado los granos de café. El café es uno de los placeres básicos de la vida. ¡Nuestro mundo depende de él para comenzar la mañana! A mí me gusta tomarme un café con leche caliente de vez en cuando. Es otro de esos placeres sencillos que muchas veces he dado por seguros. Supe que lo habían racionado, y tal vez en algunos lugares aún sea difícil de conseguir. Pero me siento bendecida no solo con un buen café, sino también con la compañía de una rosquilla. ¡Estupendo! Gracias y amén.

También les dijo: «Yo les doy de la tierra todas las plantas que producen semilla.
GÉNESIS 1:29

Todos mis caminos

YO

Todos mis caminos te son familiares.

SALMO 139:3

SIGO SIENDO LA MISMA

Señor, hoy vengo a ti un poco desanimada. Hay cosas en mí que no me gustan. Me parece que podría hacer mucho más para ti sin algunos de esos defectos de personalidad. Ayúdame a superar mis defectos, o úsame a pesar de ellos. Ayúdame a amarme a mí misma, imperfecta como soy, y a luchar por ser la mejor persona que pueda. Sé que tú puedes superar mis impedimentos y usarme para tu gloria, como usaste a Moisés con su problema del habla. Amén.

Señor, tú me examinas,
tú me conoces.
SALMO 139:1

PODRÍA SER MUCHO MEJOR

Padre, comprar ropa me hace sentir insegura. Los escaparates están llenos de fotos de mujeres bellas vestidas con la talla cero. Siento que nunca «estaré a la altura» de esas supermodelos. Como todas las demás mujeres de este siglo que conozco, lucho con mi imagen corporal. Aunque esos sentimientos de inferioridad parezcan mezquinos y algo egocéntricos, son tan reales que a veces me deprimo. Sé que no es eso lo que tú quieres para mí. Ayúdame con esos sentimientos y enséñame a vencerlos. En el nombre de Cristo, amén.

¡Te alabo porque soy una creación admirable!
SALMO 139:14

UNA SABIDURÍA OPORTUNA

Señor, esta tarde desperdicié mi tiempo viendo una película. Necesitaba hacer otras cosas, pero la trama me atrapó. Ahora voy a la carrera, atrasada en todo. Gracias, Señor, por darles a los escritores y productores los dones necesarios para presentar historias, a veces transformadoras. Pero ayúdame a usar mi tiempo con más sabiduría para poder disfrutar de este placer sin sentir culpa. Y ayúdame a guardar mi mente con cuidado cuando esté escogiendo lo que voy a ver. Amén.

Porque el Señor da la sabiduría;
conocimiento y ciencia brotan
de sus labios.
PROVERBIOS 2:6

EL PODER DE LAS PALABRAS

Padre, mi boca a veces me mete en problemas. Por favor, hazme ver lo que digo que no esté bien. Que pueda retractarme y pedir perdón si he herido a alguien. Mejor aún, ayúdame a pensar lo que voy a decir antes de hablar. Una vez dichas, las palabras no se pueden recoger. Su Palabra escrita es viva, brillante y maravillosa; Jesús es su encarnación: la Palabra Viva. Mis palabras de la tierra también tienen peso; pueden ministrarles vida o muerte a los que las oigan. Te pido que me recuerdes esto todo el día. Amén.

En la lengua hay poder de vida y muerte; quienes la aman comerán de su fruto.
PROVERBIOS 18:21

SIN ESPÍRITU DE TEMOR

Padre, tengo una fobia. No es peligrosa, pero sí vergonzosa. No se lo he dicho a nadie, y espero no tener que decirlo nunca. Pero te pido que me ayudes; no quiero que mi fobia impida que viva la vida que tú planificaste para mí. Ayúdame a llevarte este temor a ti; demuéstrame que tú tienes el control de todo; que tú eres el sistema de seguridad de mi vida. Esto te lo pido en el nombre de Jesús, amén.

Pues Dios no nos ha dado un espíritu de timidez, sino de poder, de amor y de dominio propio.
2 TIMOTEO 1:7

ARREGLA MIS PENSAMIENTOS

Dios mío, hoy ando haciéndome la víctima.
Mis pensamientos están tan enfocados en
lo terrenal, que me cuesta trabajo alzar la
mirada. Me podría quedar aquí llorando
todo el día, pero creo que ya es hora
de que se acaben la música y la fiesta.
Señor, tú no puedes obrar a través de mí
cuando estoy así. Perdona mi mezquindad
y ayúdame a responder a la vida con
madurez. Que me enfoque en lo bueno y
digno de elogio. En el nombre de Cristo,
amén.

---

*Consideren bien todo lo verdadero, todo lo
respetable, todo lo justo, todo lo puro, todo
lo amable, todo lo digno de admiración.*
FILIPENSES 4:8

UN MODELO DE MODESTIA

Padre amado, entre las cristianas se habla mucho de la modestia. Es algo que va contra nuestra cultura. La moda de hoy es más falta de modestia que de todo lo demás. La ropa parece revelar más de lo que cubre. Y yo no quiero que mi manera de vestirme presente un mensaje que contradiga mi relación contigo. Ayúdame a recordar que al atraer la atención hacia mi cuerpo, me enfoco en mí, y no en ti. Y que si visto sin modestia podría ser una fuente de luchas para mis hermanos en Cristo. La modestia puede ser bella y de buen gusto. Ayúdame a ser modelo de modestia. Amén.

Quiero, pues, que... las mujeres... se vistan decorosamente... como corresponde a mujeres que profesan servir a Dios.
1 TIMOTEO 2:8-10

BELLEZA QUE NO SE DESVANECE

Dios amado, ya tengo mis años. Sé que tú conoces mi edad. Has visto mi camino desde el primer día. Pero ahora mi cuerpo se rebela y con él mis hormonas. No me gusta mirarme al espejo porque veo arrugas en mi cara y me asusto. Por dentro no me siento vieja, pero mi cuerpo no está de acuerdo conmigo. Señor, ayúdame a recordar que mi identidad en ti no cambia, y mi belleza en ti no se desvanece. Las revistas dirán otra cosa, pero sé que para ti, tengo un encanto que el tiempo no puede destruir. Amén.

Un espíritu suave y apacible... sí que tiene mucho valor delante de Dios.
1 PEDRO 3:4

LA PRIMERA CANA

Señor, hoy me encontré una cana. La podría llamar plateada (no sirve eso) o blanca (peor aún). ¡Cualquiera que sea el tinte, no es el color de cabello con el que nací! Sé que el envejecimiento es parte del proceso de muerte, y que la muerte es consecuencia del pecado. Así que me siento perfectamente justificada en no querer envejecer. Pero debo reconocer que no voy a ser siempre joven. Dame la gracia que necesite, cualquiera que sea, para no adoptar una mala actitud hacia la vejez, y renueva mis fuerzas cada día. Amén.

Aunque por fuera nos vamos desgastando, por dentro nos vamos renovando día tras día.
2 CORINTIOS 4:16

ECONOMIZAR EN COMIDA

Dios mío, estoy luchando de verdad con mi autoestima, porque me siento muy gruesa. Sé que necesito disciplina: comer menos y hacer más ejercicio. Me va bien un tiempo, pero después me vuelvo a descarriar. Y las dietas parecen vidas falsas. ¿Quién piensa seriamente que el queso sin grasa es delicioso? Veo gente delgada con ropa de moda que no tiene miedo de ponerse en primera fila cuando toman una foto en grupo. Quiero tener esa clase de libertad, Señor. Ayúdame a «economizar» en mi comida para no seguirme sintiendo tan gruesa. Amén.

En cambio, el fruto del Espíritu es...
dominio propio.
GÁLATAS 5:22-23

LA MURMURACIÓN

Señor, me atraparon chismoseando hoy. Sin embargo, no quería hacerlo. Estábamos conversando en un grupo de esto y de aquello, y ya sabes cómo somos las mujeres. Nos interesan mucho las relaciones y lo que otros están haciendo. Muy pronto, estábamos hablando demasiado sobre la vida de alguien. Yo traté de dejar de escuchar, pero no hice gran esfuerzo. Cuando terminamos, me sentía terriblemente culpable. Padre, perdóname, por favor. Dame valor para hacer lo que debo la próxima vez; ayúdame a negarme a oír cosas negativas sobre alguien que no está presente para defenderse. En el nombre de Jesús, amén.

Abandonen... [las] calumnias,
y toda forma de malicia.
Efesios 4:31

LA MÚSICA

Señor amado, la música es el lenguaje
universal de la familia humana. Hoy
se la puede oír en muchos aparatos
electrónicos. Y hay muchos géneros;
una larga lista de opciones. Unos me
atraen; otros no. Pero quiero escoger de
acuerdo a tus principios. Lo que escuche
afectará mi estado de ánimo, mi actitud
y mi vida espiritual. Espíritu Santo, dame
discernimiento. Que la música que
escuche no vaya contra lo que tú estás
tratando de hacer en mí. Amén.

Háganlo todo para la gloria de Dios.
1 Corintios 10:31

LA ADMIRACIÓN

Padre amado, me gusta que me admiren. Tú hiciste a la mujer hermosa y al hombre capaz de apreciar su belleza. Pero hay un tiempo y lugar para hacerlo. Por favor, ayúdame a evitar la tentación de atraer la atención de maneras incorrectas. Este profundo deseo de belleza en los ojos de un hombre es muy fuerte. Te pido que me ayudes a resistir las tentaciones, vestirme y actuar de una forma que no tenga que lamentar. Amén.

Nadie ha odiado jamás a su propio cuerpo; al contrario, lo alimenta y lo cuida, así como Cristo hace con la iglesia.
EFESIOS 5:29

LA CODICIA

Señor, es fácil quebrantar el décimo mandamiento: No codicies (lee Éxodo 20:17). Codiciar es la forma de vida de muchos en este mundo. Pero tú dices que no nos debemos comparar con los «Pérez» ni envidiarlos a ellos y a lo que tienen. Lo que me has dado, lo debo disfrutar y recibir, no inspeccionar. Enséñame a ser más agradecida por tus bendiciones. En el nombre de Jesús, amén.

Manténganse libres del amor al dinero.
HEBREOS 13:5

PALABRAS DE ORO NECESARIAS

Padre celestial, hoy necesito palabras que me sostengan. Tú sabes que como mujer, las palabras son importantes para mí. También sabes que lucho con mi autoestima. La otra gente de mi mundo no siempre me da seguridad con sus palabras, y no puedo esperar que llenen todo el vacío de mi vida. Por eso, Señor, déjame mirar tu Palabra para hallar el amor y el aliento que necesito. En el nombre de Jesús, amén.

Como naranjas de oro con incrustaciones de plata son las palabras dichas a tiempo.
PROVERBIOS 25:11

LA ELEGANCIA

Padre celestial, necesito elegancia; esa clase de conducta delicada característica de las mujeres del pasado. Al parecer, nuestra cultura la desprecia. Se espera ahora de las mujeres que se comporten como espíritus libres, sin restricciones de convenciones o decoro. Pero me da vergüenza ver mujeres usando un lenguaje bajo, desplomándose en sus asientos y adoptando formas descuidadas de caminar y comer. No quiero parecer remilgada y pedante, pero sí quiero guardarme de ser demasiado informal. Ayúdame a desarrollar los rasgos que hacen a la mujer delicada, hermosa y fascinante, como tú nos hiciste. Amén.

Como argolla de oro en hocico de cerdo es la mujer bella pero indiscreta.
PROVERBIOS 11:22

ANHELO DE UN ROMANCE

El romance es algo que anhelo, Padre Dios. El corazón de mujer que me diste se deleita en el tema del romance: el héroe, la damita, los obstáculos y la relación final. Tú comprendes con qué profundidad anhelo que alguien me ame y se deleite en mí. Y no hay hombre alguno en la tierra que pueda satisfacer por completo esa necesidad; lo sé. Pero tengo un hambre interna que se despierta cuando leo una novela o veo una película. Recuérdame que, aunque mis deseos de mujer siempre serán parte de mi mundo, solo tú puedes satisfacerlos con un amor eterno y total. Amén.

«Yo te haré mi esposa para siempre.»
Oseas 2:19

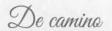

De camino

LECCIONES ESPIRITUALES/ HITOS

Estoy convencido de esto:
el que comenzó tan buena obra en ustedes
la irá perfeccionando hasta el día de
Cristo Jesús.

FILIPENSES 1:6

LECCIONES DE CONFIANZA

Padre celestial, enséñame a confiar. Sé que esto es una de mis debilidades. A pesar de conocer cómo eres y qué has hecho, se me hace difícil poner en tus manos los aspectos importantes de mi vida. Sí, te digo que lo haré, y hago un esfuerzo por confiar en ti, pero los dos sabemos que, en mi corazón, me es difícil entregártelo todo. Así que toma mi mano, Señor, y enséñame a confiar. Tú eres el maestro; yo siempre tu alumna. En el nombre de Cristo, amén.

He hecho del Señor Soberano mi refugio para contar todas sus obras.
SALMO 73:28

LA GUÍA DIVINA

Señor amado, a veces es muy difícil saber cuál es tu voluntad. Tú no escribes instrucciones específicas en el cielo ni en una marquesina. Entonces, ¿cómo puedo saber qué es exactamente lo que quieres que haga? ¿Cómo puedo evitar el cometer un gran error, o seguir adelante con esta decisión? Te pido hoy que me des sabiduría, me guíes mientras yo busco tu voluntad. Hazme ver tu mano en la situación por medio de una persona, un pensamiento, un versículo. Quiero que mi vida honre tu plan para mí. En el nombre de Cristo, amén.

Si a alguno de ustedes le falta sabiduría, pídasela a Dios, y él se la dará, pues Dios da a todos generosamente sin menospreciar a nadie.
SANTIAGO 1:5

RESTAURADA

Señor, estoy luchando con el fracaso. En algo que yo ansiaba triunfar, he tenido una actuación muy poco estelar. De hecho, humillante. No he llegado a mis propias metas. Y he decepcionado a gente que estimo. ¿Qué hago ahora? No me doy por vencida con facilidad, pero admito que no tengo ganas de volverlo a hacer. Por favor, dame el valor que necesito y ayúdame a recordar a todas esas personas de la Biblia que se negaron a dejarse definir por el fracaso y buscaron tu gracia, se enfrentaron de nuevo al reto y triunfaron. Que mi historia sea como la de ellos. Te lo pido en el nombre de Jesús. Amén.

Devuélveme la alegría de tu salvación; que un espíritu obediente me sostenga.
SALMO 51:12

SOMETIMIENTO PROFUNDO

Señor, necesito someterme a ti. Tú me
has mostrado un aspecto de mi vida que
he estado tratando de gobernar. Sé que
necesitas las llaves de todos los cuartos de
mi corazón, así que aquí estoy para traerte
esta. Someterme significa darte permiso
para cambiar, limpiar y añadir cosas. No
es fácil ondear la bandera blanca, pero es
el camino al gozo verdadero. Gracias por
mostrármelo. Amén.

*A pesar de todo, Señor,
tú eres nuestro Padre; nosotros somos el
barro, y tú el alfarero.
Todos somos obra de tu mano.*
Isaías 64:8

COSAS POR HACER

Señor, me gusta saber qué pasará en mi vida. Me gusta hacer una lista de las cosas que me están pidiendo acción. Las listas de cosas por hacer son mi forma de planificar el día y la semana. Las listas me guían, pero cualquier cosa puede ser un impedimento si se vuelve demasiado importante. Ayúdame a no planificar mi vida tanto, que no haya lugar para las interrupciones divinas, para que intervenga tu Providencia. Dame paciencia con los que me echan a perder el día; déjame ver por encima de la irritación lo que tú piensas. En el nombre de Jesús, amén.

El corazón del hombre traza su rumbo, pero sus pasos los dirige el Señor.
PROVERBIOS 16:9

HACE FALTA RESISTENCIA

Estoy viendo, Señor, que en la vida cristiana hace falta tener resistencia. No basta con empezar bien. Así que déjame andar con paciencia y perseverancia por el camino de la semejanza a Cristo. Sé que vendrán dificultades; ya me he tropezado con algunas. Eso me recuerda la segunda estrofa de «Maravillosa Gracia»: «Ya he pasado por muchos peligros, trabajos y trampas. La gracia me ha traído hasta aquí, y me llevará al hogar. En tu nombre, amén.

Corramos con perseverancia la carrera que tenemos por delante.
HEBREOS 12:1

UN DIOS DE PROCESOS

Señor amado, en mi mundo hay muchas cosas instantáneas. Desde la comida rápida hasta el crédito al momento, podemos satisfacer nuestra tendencia a la gratificación inmediata en cualquier momento. Pero me he tenido que estar recordando que tú sueles trabajar por medio de procesos. Cuando es una obra que estás haciendo en mí, me vas madurando continuamente con tu Palabra para hacerme más como Jesús. Tú, el Labrador, riegas, podas y me cuidas mientras madura el fruto de mi vida. En lugar de ser impaciente, necesito disfrutar de tu cuidado amoroso, tierno y oportuno. Amén.

Más bien, crezcan en la gracia y en el conocimiento de nuestro Señor y Salvador Jesucristo.
2 PEDRO 3:18

UN SOMETIMIENTO MAYOR

Señor, yo pensaba que te había sometido mi voluntad. Pero hoy descubrí que hay otra cosa que te necesito entregar. Esto de someterme no es fácil; de hecho, es duro. Hasta doloroso. Se necesitan firmeza y ganas. Como Abraham, poniendo a su hijo prometido en el altar, debo poner ante ti mi posesión tan estimada que amenaza tu lugar en mi vida. Quiero que seas el primero en mi amor. Tú prometiste proveerme de un carnero, así que me someto. En el nombre de Jesús, amén.

Todo aquello que para mí era ganancia, ahora lo considero pérdida por causa de Cristo.
FILIPENSES 3:7

LAS CRÍTICAS Y LOS JUICIOS

Señor amado, la crítica puede herir mucho. Es fácil hacerla, pero difícil recibirla. A veces la gente cita Mateo 7:1 como «No juzguen», pero en realidad significa «No juzguen a nadie, para que nadie los juzgue a ustedes». No creo que nos demos cuenta que cuando criticamos a otros, nos abrimos a esa misma clase de escrutinio. A mí no se me da muy bien vivir de esa manera. Ayúdame a criticar menos a los demás. Avísame, Espíritu Santo, cuando veas que comienzo a juzgar a alguien. Amén.

Señor, ponme en la boca un centinela; un guardia a la puerta de mis labios.
SALMO 141:3

SIEMPRE CRECIENDO

La amargura es como el cáncer, Señor.
Crece y lo ocupa todo, sacándonos la vida.
No quiero que la amargura me marque ni
consuma. Que no me aferre a las injusticias
que han cometido conmigo. Ayúdame a
aceptar tu toque sanador y eliminar desde
el principio la amargura en mi alma. Como
José dijo en el Antiguo Testamento, se
pueden convertir en buenas las cosas que
llevan mala intención. Haz eso en mi vida,
por favor. En el nombre de Cristo, amén.

Abandonen toda amargura, ira y enojo,
gritos y calumnias, y toda forma de
malicia.
Efesios 4:31

PERDONAR

Padre celestial, necesito perdonar a alguien que me ha hecho daño. Sé que es lo correcto, pero es tan difícil. Con mis propias fuerzas, no puedo hacerlo. Dame poder para perdonar a esa persona. Pon tu amor en mi corazón para que pueda tener una actitud bondadosa y un corazón compasivo. La Biblia me dice que perdone porque he sido perdonada. Esta es mi oportunidad de hacerlo. Me apoyo en tu poder. En el nombre de Jesús, amén.

«Y cuando estén orando, si tienen algo contra alguien, perdónenlo, para que también su Padre que está en el cielo les perdone a ustedes sus pecados.»
MARCOS 11:25

UNA FE DELICADA Y PODEROSA

Señor, la fe es algo muy delicado, pero tiene un gran poder. No es algo que pueda abrazar, pero sí algo en lo que puedo apoyar mi alma. Hebreos 11:1 dice que es «la certeza de lo que no se ve». Es algo virtual, algo que existe, pero que no se puede tomar en la mano. Nuestro mundo a veces la hace algo trivial, pero para ti es de máxima importancia. Por favor, aumenta mi fe, Señor. En el nombre de Cristo, amén.

Ahora bien, la fe es la garantía de lo que se espera, la certeza de lo que no se ve.
HEBREOS 11:1

LOS VALORES TRADICIONALES

Padre Dios, ¿cuáles son los valores tradicionales? Muchos hablan de ellos hoy en los círculos políticos y religiosos. En Estados Unidos nos solemos referir a principios de vida tomados de la comprensión judeocristiana de las Escrituras. Pero, ¿cuáles son los del mundo musulmán? ¿De la cultura hindú? ¿Del estilo de vida budista? Tradicional es la tradición que uno acepta. Gracias porque mis valores no dependen de la historia de esta nación. Aunque amo a mi nación y me siento orgullosa de nuestra herencia, hago míos los preceptos de vida que están en tu Palabra, cualquiera que sea mi procedencia, residencia o cultura. Amén.

Tus estatutos son siempre justos;
dame entendimiento para poder vivir.
SALMO 119:144

Humanidad y Hormonas

EMOCIONES

Él conoce nuestra condición;
sabe que somos de barro.

SALMO 103:14

UN CAOS HORMONAL

Hoy tengo un mal día, Señor. Mis hormonas están realmente fuera de control. Cualquier cosa pequeña me parece monstruosa. No quiero ayudar a nadie, cocinar, seguir trabajando, o incluso ser agradable. Lo que realmente quiero es ponerme mi pijama, taparme con un edredón y que me dejen sola. Pero sé que tengo responsabilidades. Tú me bendijiste con una familia, un trabajo y una vida. Ayúdame a no derrumbarme. O mejor, haz tú la obra. Y recuérdame que hoy piense antes de hablar. Entonces tal vez tendré que pedir menos disculpas mañana.

Perseguidos, pero no abandonados;
derribados, pero no destruidos.
2 CORINTIOS 4:9

NECESITO MÁS FUERZAS

Dios amado, te ruego que no dejes que mi vida se desmorone. Mi lista de cosas por hacer parece interminable. Siempre hay alguien que me necesita. Siempre hay exigencias de mi energía y equilibrio mental. Siento que voy por la vida en un estado de agotamiento. Sé que eso impide que esté rindiendo al máximo de mi potencial. Y sé que tú te interesas por mi salud. Pero estoy atascada en un ciclo de agitación que parece no tener fin. Muéstrame qué puedo cambiar, Señor. Dime cómo conseguir el bienestar emocional y físico que necesito. Amén.

Él fortalece al cansado
y acrecienta las fuerzas del débil...
Los que confían en el Señor
renovarán sus fuerzas;
volarán como las águilas:
correrán y no se fatigarán,
caminarán y no se cansarán.

Isaías 40:29, 31

LA FE SABE FLOTAR

Dios mío, he visto ríos desbordados; he visto el agua destruyendo comunidades enteras. Y ahora mismo siento que mi vida está llegando al nivel de una inundación. Lucho por mantener la cabeza fuera del agua, pero las olas me siguen golpeando. Esta lucha con la depresión es casi más de lo que puedo soportar. A veces me quisiera rendir a la corriente y hundirme en el agua. Pero hay otros que dependen de mí y a ti te dolería que yo decidiera terminar mi vida de esa forma. Mantenme a flote en este diluvio. Tus manos son las únicas que pueden hacerlo. Amén.

«Cuando cruces las aguas,
yo estaré contigo;
cuando cruces los ríos,
no te cubrirán sus aguas»
ISAÍAS 43:2

LÁGRIMAS

Señor, he oído decir que las lágrimas
tienen su propio lenguaje. En ese
caso, nos hiciste a las mujeres para
que habláramos de dos maneras: con
palabras y con lágrimas. Al ser el reflejo
más delicado y emotivo de tu imagen,
tendemos a llorar con más facilidad. Como
tantas, yo lloro por muchas razones, y a
veces sin razón alguna, como hoy. Pero
tú lees lo que tengo en el corazón, y me
entiendes. Gracias por el valor que les das
a mis lágrimas. Amén.

Toma en cuenta mis lamentos;
registra mi llanto en tu libro.
¿Acaso no lo tienes anotado?
SALMO 56:8

MOMENTO A MOMENTO

Padre del cielo, yo tiendo a tratar de vivir
una semana o un mes de una sola vez.
Me es difícil limitarme a un día, una hora,
un minuto. Pero así es como tú quieres
que viva. Sabes que proyectarme hacia el
futuro me hace preocuparme por cosas
que aún no han pasado. También sabes
que no le puedo servir a nadie si no
tengo los pies en el suelo y pienso solo
en el futuro. Ayúdame a vivir en el día de
hombre; es lo único que tengo en este
momento. Amén.

«¿Acaso no se fija Dios en mis caminos
y toma en cuenta todos mis pasos?
JOB 31:4

LA IRA

Señor, necesito una solución para mi
ira. Aarón veces dejo que me domine
y termino lamentando lo que me lleva
a decir o hacer. Mientras oro, estudio y
me acerco a ti, enséñame a controlarla.
Guíame a los versículos que debo
memorizar e incorporar a mi vida. Llévame
a alguien al que le pueda rendir cuentas.
Y sobre todo, ayúdame a luchar por
controlarme a mí misma. Amén.

*Si es posible, y en cuanto dependa de
ustedes, vivan en paz con todos. No tomen
venganza, hermanos míos, sino dejen el
castigo en las manos de Dios, porque está
escrito: «Mía es la venganza; yo pagaré»,
dice el Señor.*
ROMANOS 12:18-19

LA PAZ VERDADERA

Padre, la paz es una emoción escurridiza.
Muchos hablan de ella, pero pocos la
tienen. Tú prometiste darnos tu paz, una
serena seguridad de que tú estás presente
y soberano en todos tus caminos. Quiero
más de esa paz cada día. Aunque en mi
mundo hay muchas cosas que me alteran,
tu paz me ayudará a enfrentarme a ellas.
En tu paz no siento preocupación ni
miedo; todo lo que hago es deleitarme en
tu presencia. Amén.

«La paz les dejo; mi paz les doy.»
JUAN 14:27

FUERA EL ESTRÉS

Señor, porque la usan tanto, la palabra estrés casi no nos afecta. Por supuesto, sabemos que sus efectos nunca desaparecen, pero a veces la palabra pierde su fuerza. Con todo, hoy siento estrés; ayúdame a enfrentarme a él como debo. Que no lo pague mi familia ni mis compañeras de trabajo. Ayúdame a recordar que te lo puedo llevar a ti para cambiártelo por tu paz y tu fortaleza. Amén.

Bendito sea el Señor,
nuestro Dios y Salvador,
que día tras día sobrelleva
nuestras cargas.
SALMO 68:19

NUNCA REALMENTE SOLA

Padre celestial, me siento sola hoy. No puedo compartir con nadie lo que pasa en mi vida en estos momentos. Sí, tengo amigas, pero no hay ninguna que me comprendería de verdad. Pero tú que me creaste, me conoces como nadie. Te pido hoy que me dejes sentir que estás aquí presente conmigo. Es terrible estar sola, pero tú me prometiste que nunca te irías. Por eso sé que estás aquí. Me siento agradecida por tu amor y cuidado constantes. En el nombre de Jesús, amén.

Dios ha dicho:
«Nunca te dejaré;
jamás te abandonaré»
HEBREOS 13:5

TODO ES BUENO

¡Señor, qué bueno es estar viva! Cuando me levanté esta mañana, tuve una maravillosa sensación de bienestar. Hay días que despierto con algo negativo en la mente, un problema en el horizonte o un dolor en el cuerpo. Pero hoy me siento muy bien en mente, espíritu y cuerpo. Este camino de la vida tiene montañas y valles. Ahora estoy disfrutando de la montaña: el resplandor, la belleza y el frescor que me ayudan a enfrentarme a los retos que se me presenten. Te amo, Señor. ¡Gracias por tus buenas sorpresas! En el nombre de Jesús, amén.

Den gracias al Señor, porque él es bueno;
su gran amor perdura para siempre.
SALMO 107:1

MI REFUGIO

Dios amado, hoy te traigo mis temores.
Te pido que calmes mis recelos y me des
la seguridad de que estás aquí conmigo.
Con eso, me puedo enfrentar a todo.
Como los discípulos contigo en la barca
durante la tormenta, no tengo por qué
dejar que mis temores me hagan temblar.
Tú estás aquí, y hasta la naturaleza
obedece tu voz. Gracias por ser mi
fortaleza y mi refugio. Amén.

Yo le digo al Señor:
«Tú eres mi refugio, mi fortaleza,
el Dios en quien confío».
SALMO 91:2

LA PEREZA

Padre Dios, me he metido en un problema
por dejar las cosas para después. Yo sabía
que lo tenía que hacer, pero quería hacer
otras cosas antes. O al menos, quería dejar
ese trabajo hasta el momento mejor. Pero
ahora, se me acabó el tiempo y no estoy
preparada. Por favor, Señor; hay todas las
cosas para mi bien. Amén.

---

*Aprovechando al máximo
cada momento oportuno.*
Efesios 5:16

LLENA DE ALABANZA

Padre, las quejas están en la lista de lo que no te gusta. Cuando los israelitas se quejaron en el desierto, los hiciste estar deambulando cuarenta años más. Yo no quiero ser como ellos. Cuando me sienta tentada a quejarme, recuérdame la historia de ellos. Me sería fácil quejarme y gemir hoy, pero tú no nos pides que hagamos lo fácil, sino solo lo correcto. Por eso ayúdame a centrarme en la alabanza en este momento. Amén.

---

*Mi boca rebosa de alabanzas a tu nombre,
y todo el día proclama tu grandeza.*
SALMO 71:8

Lo Insignificante

TRIVIALIDADES

«*Se alegrarán los que menospreciaron los días de los modestos comienzos.*»

ZACARÍAS 4:10

CALMA EN LA TORMENTA

¡Señor, hoy estoy atrasada! Antes de levantarme, ya me parecía el día un caos. Me desperté tarde, no pude desayunar, tuve un viaje terrible al trabajo, se me olvidó descongelar la cena y tuve unas cuantas palabras duras con mi familia. Así que me siento de mal humor y me parece que voy a estar corriendo atrasada todo el día. Ayúdame a centrarme en ti en este día desastroso, y no permitas que mi actitud sea tan mala como él. Amén.

«Al de carácter firme
lo guardarás en perfecta paz,
porque en ti confía.»
Isaías 26:3

NUNCA DEMASIADO LEJOS PARA TI

Mudarse no es tan bonito como lo pintan, Señor, ¡Cómo detesto el montón de cajas por todas partes y el horario desastroso que hay que tener! Mudarse significa supervisar muchos detalles: cambio de dirección, cuenta de banco y licencia nuevas, nuevos médicos y dentistas, nuevas tiendas, nuevos caminos y más. Ayúdame, Señor a adaptarme lo mejor posible. Y gracias, porque dondequiera que abra mis cajas, allí estarás tú. Amén.

Si me elevara sobre las alas del alba, o me estableciera en los extremos del mar, aun allí tu mano me guiaría, ¡me sostendría tu mano derecha!
SALMO 139:9-10

TODO BIEN LAVADO

Lavar la ropa es la pesadilla de mi vida, Señor. No me gusta distribuirla y doblarla. Lavar y secar no es tan malo, pero porque tengo máquinas que lo hacen por mí. Aun así, el día de lavar me recuerda que nada bueno viene sin trabajo. Para tener ropa limpia en el armario, hay que trabajar. En cambio, para la salvación no tuve que trabajar. Pero hubo Uno que sí lo hizo. El precio que pagó tu Hijo fue mucho mayor que un pequeño trabajo. Y todo lo que yo tengo que hacer es aceptarlo a Él. Así de claro y simple. Amén.

Cristo amó a la iglesia y se entregó por ella para hacerla santa. Él la purificó, lavándola con agua mediante la palabra.
EFESIOS 5:25-26

DESCANSA UN RATO

Llegaron las vacaciones, Señor, y vaya si estoy lista. No hay nada como unos días de descanso. Me alegra que hayas puesto la idea del descanso en la estructura de nuestro mundo. En el día séptimo de la creación, tú descansaste. Y hasta les diste leyes a los hebreos del Antiguo Testamento para que tuvieran que descansar. (Tú sabías que por seguir trabajando ignorarían el Sabat si las consecuencias no eran serias). Y ahora yo tengo la oportunidad de tomarme un tiempo para descansar. ¡Gracias a ti, lo voy a disfrutar al máximo! Amén.

«Vengan conmigo ustedes solos a un lugar tranquilo y descansen un poco.»
MARCOS 6:31

PERSPECTIVA SOBRE LA LIMPIEZA

Bien, Señor, ¡aquí estoy limpiando retretes! Esta no es ni con mucho mi tarea favorita. Prefiero más los aspectos pulcros y bonitos del mantenimiento de la casa. Pero como tantas cosas en la vida, limpiar los retretes es una necesidad. Por eso, mientras esté raspando y puliendo, hazme ver que estoy sirviendo. Cuando hago mis tareas diarias con el corazón contento, te estoy honrando a ti. Y también le estoy ministrando a la familia que me diste. Gracias, Señor, por las tuberías de la casa y por una perspectiva nueva. Amén.

Y todo lo que hagan, de palabra o de obra, háganlo en el nombre del Señor Jesús.
COLOSENSES 3:17

ORACIÓN ANTES DEL VIAJE

Amado Señor, mis planes de viaje están completos. Saldré en unas horas. Te ruego que me acompañes mientras viajo. Dame seguridad y permite que mi vida sea un testimonio de ti para los que me acompañan. Ve delante de mí a mi punto de destino; bendice a aquellos con los que me voy a relacionar y que me van a proporcionar lo que necesite. Gracias por el transporte moderno. Me alegra no tener que ir en una carreta, una calesa o un tren. Que este viaje me renueve y que esté más cerca de ti mientras estoy lejos de mi casa. Amén.

Sean, pues, aceptables ante ti
mis palabras y mis pensamientos,
oh Señor, roca mía
y redentor mío.
SALMO 19:14

¡ATASCADA EN LA CARRETERA!

¡Padre Dios, estoy atascada en el tránsito! Voy a llegar tarde. ¡Es frustrante! Hasta salí un poco antes, pero no me sirvió de nada. Llevo aquí parada ya no sé cuántos minutos. Sí, debería estar serena y tranquila, pero me siento irritada y molesta. Sé que tú no intervienes en todos los sucesos de nuestra vida; hay cosas en la vida que simplemente son imperfectas. Así que no te pido que hagas el milagro de abrir los carriles de la carretera, pero sí te pido la gracia de aceptar esto, la tranquilidad de espíritu que necesito para ajustar mi día, y el gozo de saber que tú estás parado aquí conmigo. En el nombre de Cristo, amén.

El gozo del Señor es nuestra fortaleza.
NEHEMÍAS 8:10

LA COMPUTADORA NO FUNCIONA

¡Señor, no lo puedo creer! Aunque mi computadora trabajó bien ayer, hoy se quedó colgada. El disco duro no funciona. Sé que no es un desastre tan grande como muchas cosas a nivel mundial, pero para mí, es todo un desastre. Es incómodo y frustrante: allí tengo documentos de la familia, fotos y otros papeles que necesitamos. Señor, ¿querrías hacer un milagro y devolverle la vida a la *motherboard* de mi computadora? Si no, por favor, dame paz para aceptar las cosas como son, energía para volver a empezar y sabiduría para usar un disco duro externo en el futuro.

Por favor, Señor, ¡ven a librarme! ¡Ven pronto, Señor, en mi auxilio!
SALMO 40:13

¡ZAPATOS!

Señor amado, gracias por los zapatos para cada ocasión. Los de tacones para las reuniones distinguidas, las sandalias para los días informales, los atléticos para ejercicios y para jugar afuera, las botas para la lluvia y el frío y las zapatillas para andar por mi cocina. Pero los más importantes son los que van con la armadura bíblica. Dondequiera que vaya, ayúdame a recordar que necesito recoger mi calzado espiritual antes de dirigirme a la puerta. En el nombre de Cristo, amén.

Y calzados con la disposición de proclamar el evangelio de la paz.
Efesios 6:15

Un Mundo Roto

ANGUSTIA/PÉRDIDA

Ciertamente él cargó con nuestras enfermedades y soportó nuestros dolores.

Isaías 53:4

NUESTROS PEQUEÑOS

Padre, mi amiga tuvo un aborto natural.
Sé que todos los días hay mujeres que
pasan por eso. Pero estoy segura de que
tú ves a cada uno de esos pequeñuelos
y sufres por él. No entiendo por qué
sucedió esto, pero sé que nuestro mundo
está roto. La muerte de esos pequeños
tan preciosos me recuerda que el cielo
es nuestro verdadero hogar. Algún día,
tú cambiarás nuestra angustia por la
felicidad eterna. Pero por ahora, Señor,
envuelve a mi amiga con tu fortaleza y tu
consuelo; hazla sentirse segura de que tú
estás cuidando de su pequeño hasta que
ella llegue. Amén.

*«No temas, porque yo estoy contigo; desde
el oriente traeré a tu descendencia, desde el
occidente te reuniré.»*
Isaías 43:5

EL VUELCO EN LA NATURALEZA

Señor, hoy hubo un horrible desastre natural. Las imágenes de la televisión me destrozaron el corazón. Hogares destruidos, comunidades devastadas y vidas humanas perdidas. Este mundo que amamos a veces se nos rebela y causa terribles sufrimientos. Hay quienes te echan a ti la culpa, pero están equivocados. Tus planes eran perfectos, pero nosotros lo echamos todo a perder abriéndole la puerta al pecado. Gracias por la promesa de que un día habrá una nueva tierra. Mientras, minístrales a las víctimas de la tragedia actual. En el nombre de Cristo, amén.

Sabemos que toda la creación todavía gime a una, como si tuviera dolores de parto.
ROMANOS 8:22

TERROR Y VIOLENCIA

Padre amado, los noticieros hablan de otro incidente terrorista a gran escala. Estas cosas me producen gran temor. No me puedo imaginar lo que son para los que participan directamente. Por favor, ayuda a las familias de los asesinados; dales sabiduría a los líderes para enfrentarse a las amenazas que enfrentamos a causa del odio y la violencia. Sé, Señor, que la paz no reinará en la tierra mientras tú no establezcas tu reino. Así que hasta entonces, permíteme ser un instrumento de tu paz para los que conozca. En el nombre de Cristo, amén.

Porque tú eres mi refugio,
mi baluarte contra el enemigo.
SALMO 61:3

DAR CONSUELO

Mi amiga perdió un familiar esta semana, Señor. No sé qué decirle. He estado tratando de hallar las palabras correctas, pero todas me parecen superficiales y carentes de sentimiento. No quiero ser insensible, pero tampoco quiero ser melodramática. Padre, por favor, guía mis palabras; consuela hoy a través de mis labios. Como los que me han acompañado en mis horas oscuras, permíteme ministrarle a mi amiga que sufre hoy. Amén.

Quien nos consuela en todas nuestras tribulaciones para que, con el mismo consuelo que de Dios hemos recibido, también nosotros podamos consolar a todos los que sufren.
2 CORINTIOS 1:4

INDIGENTE

Padre, hoy se me acercó un indigente y sin pensarlo, retrocedí. Sé que lucho con la incertidumbre en estas situaciones. He oído decir que hay supuestos indigentes que no quieren trabajar, o están demasiado incapacitados para hacerlo. Mi conflicto viene cuando recuerdo que dijiste que cuando cuidamos de los desnudos, con frío y hambre, en realidad te estamos sirviendo a ti. Dame discernimiento. Yo no puedo ministrar en todos los ambientes, pero si hay alguien que debo alcanzar, indícamelo. En el nombre de Jesús, amén.

«Porque tuve hambre, y ustedes me dieron de comer; tuve sed, y me dieron de beber; fui forastero, y me dieron alojamiento.»
MATEO 25:35

LOS NIÑOS PEQUEÑOS

Padre Dios, muchos niños sufren en el mundo. He visto sus fotos: los perdidos que ponen en los envases de leche y los casi muertos de hambre en los anuncios de las organizaciones de ayuda. No sé por qué hay tantos niños maltratados, agredidos y matados, ni por qué tantos miles trabajan como adultos para sostener a su familia y se van a la cama con hambre. Pero sí sé que, aunque los niños son muy especiales para ti, tú no interfieres con nuestro libre albedrío, aunque le cause dolor a alguien. Así que esta noche, consuela a todos los niños que tienen miedo y sufren. En tu nombre, amén.

«Y el que recibe en mi nombre a un niño como este, me recibe a mí.»
Mateo 18:5

YA NO HAY AGUIJÓN

Padre Dios, estoy en un funeral. Y recuerdo por qué la muerte es nuestra enemiga. Nos roba a nuestros seres amados; corta nuestras relaciones; nos causa dolor. Quiero ser fuerte, pero sé que cuando la muerte visita a mi familia, se me olvida todo el proceso del duelo y de ir eliminando el sufrimiento. Solo me siento vacía; mi mundo es torcido e innatural. Pero me aferro a la promesa de que tú venciste a la muerte, sabiendo que un día, esta enemiga de toda la humanidad ya no tendrá poder sobre nosotros. Hasta entonces, consuélame a mí y a otros en su dolor. Amén.

«¿Dónde está, oh muerte, tu victoria?
¿Dónde está, oh muerte, tu aguijón?»
1 Corintios 15:55

EL TEJIDO DE DIOS

Amado Padre celestial, hoy me aflige
la tragedia de los abortos. Esta crisis
ha tocado a todas las mujeres, de una
forma u otra. El aborto no es solo un
procedimiento que acaba un embarazo;
es un momento dramático que cambia
las vidas para siempre. Ahora, Señor,
oro por todos los que han sufrido con el
aborto: madres, padres, médicos, personal
médico, legisladores. Minístrales sanidad
y redención a las vidas rotas. Ayúdanos
a proteger y amar a esos preciosos seres
humanos que aún no han nacido. En el
nombre de Jesús, amén.

Tú creaste mis entrañas;
me formaste en el vientre de mi madre.
Salmo 139:13

LAS CENIZAS DEL DIVORCIO

El divorcio ha invadido mi familia, amado Dios. Yo quiero ayudar a la pareja en problemas, pero algunas cosas solo las pueden resolver el esposo y la esposa. Esto puede ser difícil y doloroso para todos nosotros. Ayúdame a amarlos; permite que nuestra familia les ministre sin condenarlos. Por favor, ten misericordia y lleva a esta pareja a un punto de reconciliación. La Biblia dice que tú odias el divorcio, porque sabes el dolor que les trae a todos. Pero también dice que tú puedes sacar belleza de las cenizas. Te pido que lo hagas con esta pareja. En el nombre de Cristo, amén.

Una corona en vez de cenizas,
aceite de alegría en vez de luto,
traje de fiesta
en vez de espíritu de desaliento.
ISAÍAS 61:3

LOS NIÑOS QUE SUFREN

Padre celestial, las noticias sobre maltratos
a niños son repugnantes. Hay niños
tratados de forma tan terrible por adultos,
a veces sus propios padres, que son
mucho más grandes que ellos. Yo sé que
muchas veces esto es resultado de una
frustración sin control. Pero otras veces
solo es perversidad. Me duele el corazón
por cada niño o niña que tenga que sufrir
así. Acompaña esta noche a los niños que
sufren, Señor. Tenlos cerca de ti y alivia su
dolor. En el nombre de Cristo, amén.

---

*«Dejen que los niños vengan a mí, y no se lo
impidan, porque el reino de los cielos es de
quienes son como ellos.»*
MATEO 19:14

EL LUJO DE CENAR

Dios amado, es una bendición salir a cenar. Me encanta el lujo de sentarme a la mesa y que me sirvan comida hecha por otra persona. Sé que podemos abusar de este privilegio; es probable que no sea buena mayordomía comer fuera y no en casa, ¡pero bien usado, es maravilloso! Gracias por darme los recursos para salir a cenar. Ayúdame a ser buena clienta; que dé buen testimonio de ti, tratando bien a la camarera y dejándole una buena propina. ¡Amén!

*No ha dejado de dar testimonio de
sí mismo haciendo el bien, dándoles
lluvias del cielo y estaciones
fructíferas, proporcionándoles
comida y alegría de corazón.*
HECHOS 14:17

Todo lo Radiante y Hermoso

LA NATURALEZA

Todas las cosas radiantes y hermosas, todas las criaturas grandes y pequeñas, todas las cosas sabias y maravillosas: El Señor Dios las hizo todas.

Cecil F. Alexander,
"All Things Bright and Beautiful"

NIEVE COMO BLANCO MANTO

Señor, me encanta la nieve. Estoy viendo los copos de nieve agitarse más allá de mi ventana y congelar el blanco paisaje del infierno. Hay algo mágico y fascinante en la nieve que cae. Y tú eres el Creador de tanta belleza. Tus huellas están en todos los cristales que caen a tierra, todos únicos en su diseño, testamento de tu grandeza en las cosas grandes y las pequeñas. Gracias por pensar en la nieve, porque trae felicidad a mi corazón. Amén.

Extiende la nieve cual blanco manto,
esparce la escarcha cual ceniza.
SALMO 147:16

ÁRBOLES ESPLENDOROSOS

Padre celestial, ¡qué maravillas son los árboles! Mucho más que las ramas para subirlas, la sombra para disfrutarla y los leños para quemarlos, son majestuosos tributos a tu esplendor. La gente de los desiertos y praderas sabe cómo cambian los árboles el paisaje; le dan belleza y protección. Y enseñan profundas verdades. Dicen cómo debe ser el cristiano: raíces profundas, conectadas con la Fuente, lleno de vida y firme en la tormenta. Señor, yo quiero ser como ellos. En el nombre de Jesús, amén.

Es como el árbol
plantado a la orilla de un río.
SALMO 1:3

LOS COLORES DEL OTOÑO

¡Dios amado, el follaje del otoño es bello! Me recuerda esos caleidoscopios que miraba de niña: una resplandeciente mezcla cambiante de colores. Sé que el otoño es el momento en que todo comienza a morir, pero qué marco tan hermoso le das a su muerte. Calabazas, hojas brillantes de color azafrán o rojo, rollizos crisantemos… un glorioso deleite para los sentidos. Gracias, Señor, por darnos una esplendorosa despedida de verano. ¡Qué grande eres! Amén.

«Mientras la tierra exista, habrá siembra y cosecha, frío y calor, verano e invierno, y días y noches»
GÉNESIS 8:22

UN DÍA TRIUNFANTE

Señor, ¿hay algún día más glorioso que el de Pascua de Resurrección? ¡Gracias por triunfar de la muerte para mí! ¡Porque tú vives, yo también viviré para siempre! Y hoy, la tierra celebra tu victoria. El mundo se ha revestido de belleza: tulipanes en flor, árboles con brotes nuevos, hierba tierna y aves canoras. Hay energía y vida en la misma brisa que sopla afuera. Toda la creación ha oído tu voz y despertado del invierno. Me uno a su coro: Tú eres el Creador de todas las cosas vivas, y eres digno de ser alabado. Amén.

Ya brotan flores en los campos;
¡el tiempo de la canción ha llegado!
CANTAR DE LOS CANTARES 2:12

PENSANDO EN LAS FLORES

Dios Creador, siempre me ha asombrado
lo que tú has hecho. Las flores de este
verano son delicadas y, sin embargo,
duran tanto. Desde semillas o bulbos,
crecen hacia el sol, abriendo el suelo
y alzándose con una frágil belleza.
Los pétalos suaves como el terciopelo
adornan los campos. Pero son
increíblemente fuertes. Con el sol y la
lluvia que tú les envías, permanecen en
toda la temporada, deleitándonos los ojos
y el corazón. Gracias por bendecirnos con
su belleza y usarlas para recordarnos que
no tenemos por qué preocuparnos. Amén.

¿Y por qué se preocupan por la ropa?
Observen cómo crecen los lirios del campo.
MATEO 6:28

EL MAR

Padre, estoy ante el océano y lo contemplo maravillado una vez más. ¡Qué amplitud! La Biblia nos dice que tú formaste los mares en el tercer día de la Creación. Debe haber sido algo increíble: las aguas reuniéndose. Y la orilla del mar es uno de mis lugares favoritos. Me encanta caminar por la playa, sacando arena mojada con los dedos de los pies, escuchando los gritos de las gaviotas y deleitándome en la salada brisa. Gracias, Señor, por compartir conmigo tu mar. Me siento cerca de ti en esta amplitud. Amén.

Suyo es el mar, porque él lo hizo.
SALMO 95:5

GRANDES MONTAÑAS, UN GRAN DIOS

Oh Dios, cuando veo las montañas, me doy cuenta de nuevo de lo grande que tú eres. Guardianes de la tierra que se levantan hacia el cielo, dan un magnífico testimonio de tu poder. En nuestro caminar cristiano, Señor, usamos las montañas para simbolizar grandes victorias y celebraciones. Y tu Palabra nos dice que nuestra fe, aunque sea como un grano de mostaza, puede mover montañas. ¡Cuánto poder tenemos cuando tú estás en nuestra vida! Hoy, Señor, mis ojos están fijos en ti; me siento maravillado por tus obras y me regocijo en el poder de una fe que mueve montañas. Amén.

Desde antes que nacieran los montes
y que crearas la tierra y el mundo,
desde los tiempos antiguos
y hasta los tiempos postreros,
tú eres Dios.
SALMO 90:2

LOS GORRIONES

Afuera en la hierba hay unos gorriones
buscando comida en este día de invierno.
Esta escena me recuerda un versículo de
la Biblia en el que tú dices que, aunque
cuidas de un pequeño gorrión, cuidas
mucho más de mí. Y que nunca debo tener
miedo, porque valgo para ti mucho más
que muchos gorriones. ¡Me regocija el que
sea tan preciosa para ti! ¡No tengo que
esforzarme para lograr que me atiendas,
porque para ti soy importante! Gracias
por recordarme hoy que me valoras y me
amas. Amén.

*«Ni uno de ellos caerá a tierra sin que lo
permita el Padre... Así que no tengan miedo;
ustedes valen más que muchos gorriones.»*
MATEO 10:29, 31

REGALOS SIN SEÑALES

Padre Dios, gracias por los regalos que nos mandas en paquetes sin señales. A veces no los reconocemos al principio, pero su valor es incalculable. Los que tienen necesidades especiales son dones que requieren más cuidado, pero que nos dan a nosotros más de lo que nos podríamos imaginar. Yo quisiera que no hubiera discapacidades, pero nuestro mundo es imperfecto, y eso incluye el código genético. Pero tú envuelves a la gente más asombrosa de esas formas inesperadas, y después esperas a ver si los descubrimos. Ayúdame, Señor, a descubrirlos siempre. Amén.

«Cada uno tiene de Dios su propio don: este posee uno; aquel, otro»
1 Corintios 7:7

Todo lo hoy misterioso

INTERROGANTES/PRUEBAS

«Tranquila, alma mía: tu Dios guiará el futuro como guió el pasado. Que nada sacuda tu esperanza, tu seguridad; todo lo hoy misterioso resplandecerá al final.»

KATHARINA A. VON SCHLEGEL,
"BE STILL, MY SOUL"

UNA RUTA INESPERADA

Padre celestial, estoy luchando con esta circunstancia de mi vida. Creía entender tu plan para mí, pero no parece que sea así. Tal vez sea resultado de una decisión poco sabia que tomé. O tal vez sea una de esas sendas que tú permites que no tengan sentido en el momento, pero sirvan para un propósito mayor en tu plan de hacerme más como Jesús. Comoquiera que sea, Dios mío, ayúdame a no preocuparme por lo que no puedo cambiar, y dame la gracia que necesito para aceptar y adaptarme. Recuérdame que tu Hijo también anduvo por un camino doloroso.

La senda de los justos se asemeja
a los primeros albores de la aurora:
su esplendor va en aumento hasta
que el día alcanza su plenitud.
PROVERBIOS 4:18

¿POR QUÉ?

A veces, Padre, soy como los niños.
Quiero saber los porqués. Pero tú, como
Padre sabio, no siempre respondes. Sabes
que no puedo entender tus caminos
soberanos ni captar el propósito de
tus decisiones. Así que no me lo dices
todo, porque no es bueno que lo sepa.
Ayúdame a contentarme con dejar que
seas tú quien guíe al universo. Es probable
que yo siga haciendo preguntas, pero
confío en ti. Así que, aun en medio de
los misterios de la vida, estoy tranquila,
segura y amada, porque sé que tú quieres
lo mejor para mí. Amén.

---

*«Lo secreto le pertenece al Señor nuestro
Dios, pero lo revelado nos pertenece a
nosotros y a nuestros hijos para siempre.»*
DEUTERONOMIO 29:29

¡DESVÍO ADELANTE!

¡Dios amado, el camino de mi vida tomó de repente un desvío! Voy por un camino que no esperaba. No era este mi plan para el futuro. ¿Qué estás haciendo con mi vida, Señor? Soy hija tuya. Te he dado el primer lugar; te he servido. Entonces, ¿por qué está pasando esto? No entiendo cómo puede llegar a ser algo positivo para mí. No tiene sentido. Por favor, bendíceme con perseverancia y paciencia mientras espero que me muestres lo que viene después. Amén.

Ahora bien, sabemos que Dios dispone todas las cosas para el bien de quienes lo aman, los que han sido llamados de acuerdo con su propósito.
ROMANOS 8:28

AYUDA EN LA TENTACIÓN

Señor, me ronda una tentación en mi vida.
Sé que no viene de ti, porque la Biblia dice
que tú no tientas a nadie (lee Santiago 1:13).
Eso significa que viene de Satanás, que
decididamente no quiere mi bien. Él nos
tienta con cosas que parecen buenas por
fuera, pero dentro están podridas. Ayúdame
a recordar que Satanás es un engañador,
un mentiroso. Dame la manera de escapar
que me prometiste. Y dame la victoria por la
sangre de Cristo. Amén.

*Ustedes no han sufrido ninguna tentación
que no sea común al género humano.
Pero Dios es fiel, y no permitirá que
ustedes sean tentados más allá de lo
que puedan aguantar. Más bien, cuando
llegue la tentación, él les dará también
una salida a fin de que puedan resistir.*
1 Corintios 10:13

PREGUNTAS SOBRE LAS VIDAS NUEVAS

Padre amado, si el fruto del vientre es tu recompensa (lee el Salmo 127:3), ¿por qué hay mujeres que anhelan tener un bebé y les cuesta embarazarse, mientras que muchas que no quieren hijos conciben con facilidad? La infertilidad es una angustia privada, pero atroz. Muchas parejas encantadoras no pueden tener hijos. Y sin embargo, son incontables los embarazos no deseados. No lo entiendo, pero confío en que tú tienes un gran plan, y es bueno, y así lo dejo. Amén.

El Espíritu de Dios me ha creado;
me infunde vida el hálito del Todopoderoso.

Job 33:4

LA SEGURIDAD EN ESTOS DÍAS

Señor, ¿son estos los últimos días? Los santos de edad lo creen. Los que predican nos advierten que tú vienes pronto. Los escatólogos creen que se cumplen profecías con cada desastre o un incidente. La Biblia dice que estas cosas son señales, como los dolores de parto son señal de que se acerca el momento. Pero tu Palabra también dice que nadie sabe cuándo vendrá el fin (lee Marcos 13:32). Por eso, Señor, haz que no me preocupe por los últimos tiempos, mantenme equilibrada y ayúdame a confiar. En el nombre de Jesús, amén.

No temerás ningún desastre repentino, ni la desgracia que sobreviene a los impíos. Porque el Señor estará siempre a tu lado.
PROVERBIOS 3:25-26

PRUEBAS DE FUEGO

Padre, estoy en el fuego. En sentido espiritual. Eso no es nuevo para los cristianos. He leído sobre santos del pasado que fueron llevados a hogueras por su fe, y he oído testimonios de otros que han pasado por el horno de la prueba. Sé que el fuego purifica; Job dijo que después del tiempo de su prueba, saldría como el oro (lee Job 23:10). Necesito recordarlo mientras estoy aquí en el fuego, tratando de sentirte cerca y orar por mi supervivencia. Gracias, Señor, porque no me dejas nunca. Amén.

Queridos hermanos, no se extrañen del fuego de la prueba que están soportando, como si fuera algo insólito.
1 PEDRO 4:12

MISTERIOS

Señor amado, como muchos, me fascinan los misterios. Me gusta leerlos, verlos y oír hablar de ellos. La Biblia me dice que tú tienes misterios, como la maravilla de la Encarnación, y la relación de pacto entre un esposo y una esposa que representan a Cristo y la Iglesia. En un relato terrenal de misterio se explica todo al final del libro. Tal vez algún día en el cielo comprenda estos misterios, pero por ahora, los dejo seguros en tus manos. Amén.

Más bien, exponemos el misterio de la sabiduría de Dios, una sabiduría que ha estado escondida y que Dios había destinado para nuestra gloria desde la eternidad.
1 CORINTIOS 2:7

EL FUTURO

Padre Dios, a veces querría ver el futuro, pero otras me alegro de no poderlo ver. Dudo que saber lo que va a suceder, y cuándo, haga la vida más fácil. Así que enséñame a enfocarme en hoy, en este momento. Ayúdame a poner en tus manos mis preocupaciones y mis inquietudes y dejarte el futuro a ti, que eres quien lo decide. En el nombre de Cristo, amén.

«No les toca a ustedes conocer la hora ni el momento determinados por la autoridad misma del Padre.»
HECHOS 1:7

Dones Buenos y Perfectos

BENDICIONES

Toda buena dádiva y todo don perfecto
descienden de lo alto, donde está el Padre
que creó las lumbreras celestes.

SANTIAGO 1:17

PRECIOSAS PROMESAS

La Biblia está repleta de tus promesas, Señor. Hay una por cada suceso, emoción y temporada de mi vida. Los creyentes de todos los tiempos se han mantenido firmes en su fe sobre esas promesas, y han podido vencer tentaciones, enfrentar persecuciones, soportar dolor y triunfar contra todos los obstáculos. Gracias por haber llenado las páginas de las Escrituras con tantas hermosas seguridades de tu presencia y poder. Me bendice saber que puedo acudir a ellas en mis momentos de necesidad. Amén.

Dios nos ha entregado sus preciosas y magníficas promesas.
2 PEDRO 1:4

LAS COMODIDADES SON DONES

Señor amado, me ayudan tanto las comodidades modernas… en especial las lavadoras de platos y las de ropa. Las mujeres del pasado se pasaban mucho tiempo lavando los platos y la ropa, a la dura. Si yo tuviera que hacer eso, además de mis otras actividades, nunca podría. Estoy segura de que hacerlo todo a mano tenía sus beneficios, pero no me quisiera cambiar por una de ellas. Los días de antaño parecen románticos en algunas cosas, pero para las de la casa, prefiero el siglo veintiuno. Gracias por todas las bendiciones mecánicas que me has dado, Señor. Amén.

Es un don de Dios que el hombre coma o beba y disfrute de todos sus afanes.
ECLESIASTÉS 3:13

LOS RECUERDOS

Gracias, Padre celestial, por la capacidad de recordar los momentos felices del pasado. Nunca nadie me los podrá arrebatar. Los momentos y las emociones que tengo en la mente, nadie los puede tirar al contenedor de reciclaje ni borrar de ningún disco duro. Los recuerdos nos definen y algunas veces nos inspiran para seguir adelante. Me alegro de tener tantos recuerdos felices. Amén.

«Acérquense y anuncien
lo que ha de suceder,
y cómo fueron las cosas del pasado,
para que las consideremos
y conozcamos su desenlace.»
ISAÍAS 41:22

MENSAJEROS Y GUERREROS

Señor amado, gracias por los ángeles, tus mensajeros y guerreros. Las historias de los que se han encontrado con ellos me fascinan. Me pregunto si alguna vez me habré encontrado con un ángel sin saberlo. Tú tienes una inmensa hueste de ángeles que envías con frecuencia para ayudarnos. Pero en la cruz no los llamaste para que te ayudaran a ti. Diste voluntariamente tu vida por mí, y ahora ellos quieren comprender esa clase de amor. Tu maravilloso amor por una mujer como yo. Amén.

Aun los mismos ángeles anhelan
contemplar esas cosas.
1 PEDRO 1:12

¡CAFÉ Y CHOCOLATE!

¡Señor, gracias por el chocolate y el café! Tú eres el genio tras la creación del cacao y el café, y la crema, la leche, el azúcar y los sabores. Y permitiste que descubriéramos todas esas combinaciones. Ayúdame a tener disciplina cuando me deleito en esos agradables placeres; no quiero ser una glotona. Y hazme recordar que el café y el chocolate serán agradables, pero no me arreglan mis problemas. Pero tengo pensado alabarte cada vez que saboree una de esas delicias increíbles… en la proporción debida, por supuesto. ¡Amén!

Así que nadie los juzgue a ustedes por lo que comen o beben.
Colosenses 2:16

LA BENDICIÓN DEL HOGAR

Padre de los cielos, en toda la nación hay gente que vive en las calles o en los bosques. Pero un «hogar» es mucho más que una estructura y unos muebles. Es una atmósfera, una manera de pensar, una sensación de comodidad, un lugar donde descansar segura. Dondequiera que yo esté físicamente, Señor, mi verdadero hogar está donde tú estás, porque yo solo soy una peregrina en este mundo. Gracias por ser mi refugio permanente, el principal residente de mi feliz hogar. Amén.

Por fe Cristo habite en sus corazones.
Y pido que, arraigados y cimentados en
amor, puedan comprender.
EFESIOS 3:17

LOS GOZOS DE LOS SENTIDOS

Dios amado, gracias por los cinco sentidos: vista, oído, tacto, gusto y olfato. Tú podrías haber diseñado un mundo virtual, pero creaste uno en el que se puede sentir. Hoy quiero disfrutar del hecho de estar viva. Me quiero deleitar en los gozos sensoriales que muchas veces doy por sentados. Te los agradezco, todos y cada uno de ellos. Amén.

En él vivimos, nos movemos y existimos.
HECHOS 17:28

EL GÉNERO ES UNA BENDICIÓN

Padre Dios, tú escogiste el género de cada cual con un propósito. Aunque mis hormonas se vuelvan locas durante el embarazo, la menopausia y otros sucesos, yo te doy gracias por haberme hecho mujer. Ayúdame a vivir ante un mundo que me observa el contento que hay en aceptar el don de la femineidad y las ventajas que a veces lo acompañan. Amén.

Y Dios creó al ser humano a su imagen; lo creó a imagen de Dios. Hombre y mujer los creó.
GÉNESIS 1:27

ANIMALES AMISTOSOS

Gracias por crear a los animales de nuestro mundo. Aunque no estén al mismo nivel que los humanos, son un maravilloso testimonio de tu amor por las cosas vivas, y te dan gloria solo por ser lo que son. Ayúdame a ser siempre bondadosa con los animales que tú nos has dado. Que yo sepa cuidar bien de tus propiedades. Gracias, no solo por los animales domésticos, sino por los salvajes también. Amén.

«Porque tú creaste todas las cosas;
por tu voluntad existen
y fueron creadas.»
APOCALIPSIS 4:11

LA CONCIENCIA

Dios mío, gracias por mi conciencia, ese conocimiento innato del bien y del mal. Es la que me mantiene en el camino y me avisa cuando me acerco demasiado al «borde». Es algo maravilloso. De hecho, la Biblia nos dice que tú usas la conciencia para acercarte a todos, incluso los que nunca han oído tu nombre. ¡Qué Dios tan grande eres! Amén.

Estos muestran que llevan escrito en el corazón lo que la ley exige, como lo atestigua su conciencia, pues sus propios pensamientos algunas veces los acusan y otras veces los excusan.
ROMANOS 2:15

CONCLUSIÓN...

Te agradezco que hayas viajado conmigo por estas páginas de oraciones para todos los días. Tal vez te hayas identificado con algunas de ellas más que con otras. Pero tengo la esperanza de que todas te hayan inspirado a llevarle tus necesidades a tu Padre celestial.

Los discípulos de Jesús le pidieron que los enseñara a orar. Y él lo hizo. No fue una oración llena de floridos discursos e ideas complejas; era un simple diálogo con un Padre bondadoso. Se centraba en la alabanza y la petición de necesidades universales y comunes: la comida diaria, el perdón, la ayuda en las tentaciones y mucho más. Nosotras, mujeres del siglo veintiuno, también le podemos llevar nuestras preocupaciones comunes y nuestros momentos cotidianos. Cuando lo hagamos, nuestra rutina tendrá un nuevo sentido, y todos esos momentos diarios se llenarán de un poco más de gloria.